教科教育学 シリーズ

音楽科教育

橋本美保 ＋ 田中智志

  監修

加藤富美子

  編著

刊行に寄せて

　教職課程の授業で用いられる教科書については、さまざま出版されていますが、教科教育にかんする教科書についていえば、単発的なものが多く、ひとまとまりのシリーズとして編まれたものはないように思います。教育実践にかんする一定の見識を共有しつつ、ゆるやかながらも、一定の方針のもとにまとまっている教科教育の教科書は、受講生にとっても、また授業を担当する教員にとっても、必要不可欠であると考えます。
　そこで、「新・教職課程シリーズ」の教職教養（全10巻）に続き、教科教育についても新たに教職課程用の教科書シリーズを刊行することにしました。この新しいシリーズは、教科ごとの特色を出しながらも、一定のまとまりがあり、さらに最新の成果・知見が盛り込まれた、今後の教科教育を先導する先進的で意義深い内容になっていると自負しています。
　本シリーズの方針の1つは、以下のような編集上の方針です。

　　○教育職員免許法に定められた各「教科教育法」の授業で使用される
　　　内容であり、基本的に基礎基本編と応用活用編に分けること。
　　○初等と中等の両方（小学校にない科目を除く）の指導法を含めること。
　　○教科の指導法だけではなく、各教科に密接にかかわる諸科学の最新
　　　の成果・知見を盛り込んだ、最先端の内容構成であること。
　　○本書を教科書として使用する受講生が、各自、自分なりの興味関心
　　　をもって読み進められるような、工夫を行うこと。
　　○原則として、全15回という授業回数に合わせた章構成とすること。

　本シリーズのもう1つの方針は、教育学的な観点を有することです。教科教育の基本は学力形成ですが、どのような教科教育も、それが教育である限りその根幹にあるのは人間形成です。したがって、学力形成は人間形

成と切り離されるべきではなく、学力形成と人間形成はともに支えあっています。なるほど、科学的な能力と道徳的な力とは区別されるべきですが、科学的な能力と心情的な力とは本来、結びついているのです。人間形成は、道徳的な能力の育成に収斂することではなく、心情的な力、すなわち人として世界（自然・社会・他者）と健やかにかかわる力を身につけることです。たとえば、算数を学ぶこと、国語を学ぶことは、たんに初歩的な数学、初歩的な国語学・文学の知見を、自分の願望・欲望・意図を達成する手段として身につけることではなく、世界全体と人間が健やかにかかわりあうための知見として身につけることです。たとえていえば、健やかな人間形成は家の土台であり、学力形成は建物です。土台が脆弱だったり破損していては、どんなに素敵な建物も歪んだり危険であったりします。

　人間形成の核心である世界との健やかなかかわりは、私たちがこの世界から少しばかり離れることで、ほのかながら見えてきます。古代の人は、それを「絶対性」と呼んできました。絶対性は、ラテン語でabsolutus（アブソリュートゥス）、原義は「（この世俗世界）から離れる」です。あえて道徳的に考えなくても、世事の思惑や意図から自由になって自然や生命、人や文化に向き合うとき、私たちの前には、本当に大切なこと、すなわち人が世界とともに生きるという健やかなかかわりが見えてきます。

　本書の編集は、音楽科教育の領域で活躍されている加藤富美子先生にお願いいたしました。教職を志すみなさんが、本書を通じて、真に人間性豊かな、よりよい教育実践の学知的な礎を築かれることを心から願っています。

　　　　　　　　　　　　　　　監修者　橋本美保／田中智志

まえがき

　本書は、音楽科教育の理念、内容、方法等を、学校における音楽教育の役割とは何かを基軸としながらまとめたものである。教員をめざして大学や大学院で音楽科の授業について学ぼうとしている人たち、日々学校で子どもたちと一緒に音楽をしている現職の先生たち、音楽教育について研究している人たちなど、学校での音楽教育に深い関心をもつすべての方々を読者として想定している。

　なぜ学校で音楽を教えるのか、なぜ音楽科が教科として学校教育に位置づけられているのか。この問いに明解に答えることができた時、学校の音楽授業は子どもたちにとってかけがえのない学びの場となることだろう。本書ではそれを、「子どもたちにとって学校で音楽を学ぶ意義は何か」、「音楽の授業で大切にしたいことは何か」、「実際にどのような音楽教育が望まれるのか」という内容で考えていくことにした。

　第1部「音楽科教育の役割」、第2部「音楽科授業の基礎理論」、第3部「音楽科教育の実践」の大きく3つの部分から成っている。第1部では学校での音楽の学びが子どもたちの暮らし全体の中でどのような役目を担っているかを、社会、学校、学力などの切口からとらえた。第2部では学校で音楽の授業を行う時に基本としてふまえておきたいことを、子ども・音楽・授業の3つの切り口からとらえた。第3部では音楽の授業を中心に、これからの学校に望まれる音楽教育の実践について具体的な提案を行っている。

　学校での音楽教育に携わるすべての方々と一緒に、「なぜ学校で音楽を教えるのか」への確かな答えを本書を通して探していきたい。その答えはきっと1人ひとり異なることだろう。また、常に揺れ動いているかもしれない。それでも、音楽科教育に関わろうとする人は、誰でもそしていつで

も、なぜ学校で音楽を教えるのかへの自身の答えを用意しながら、音楽と子どもに向き合っていくことが大切だと思う。
　本書でもう1つ、そしてもっとも大切にしたことは、学校における音楽教育を考えようとするとき、子どもや先生たちの音楽体験の内容やそこに鳴り響いている音と切り離してとらえることのないようにした点である。なぜ学校で音楽を教えるのかを自らに問うとき、どのような切口からみていくにせよ、子どもたちの音楽する姿を常に思い浮かべ、そこで鳴っている音を心で聴きながらとらえることを大切にしたい。音楽教育の研究にとって欠くことができないことと考えるからである。
　幸いに多様な立場、多様な見解をもつ最高の執筆陣を迎えて本書を編むことができた。中には少し難解な内容や難解な文章表現もあるかもしれない。じっくりと向き合って自身の経験や自身のことばに置き換えながらつかんでいっていただけたら嬉しく思う。
　編者として、音楽科教育法の書籍としては他に類をみない書となったことを関わっていただいたすべての方々にお礼を申し上げたい。特に、監修者のお2人ならびに一藝社の方々には、本書の内容構成についてご理解をいただきご協力いただいたことに深くお礼を申し上げたい。

編著者　加藤富美子

音楽科教育

序章　学校における音楽教育　　10

第1節　学校における音楽教育のとらえ　　11
第2節　音楽科における音楽教育の意義と役割　　14
第3節　学校における音楽教育で大切にしたいこと　　22

音楽科教育の役割

第1章　音楽科と生活——学校が広げる音楽生活　　28

第1節　人が音楽を学ぶということ　　29
第2節　学校の内と外を結ぶ学び観　　31
第3節　学校から生活へ、生活から学校へ　　35

第2章　音楽科と学力——学校で育む音楽の学力　　39

第1節　学力の現在と音楽科　　40
第2節　学力を捉える視座　　44
第3節　学校で育むこれからの音楽の学力　　47

第3章　音楽科と学校行事——学校と音楽科をつなぐ　53

　第1節　行事の多様性と音楽の重要性　54
　第2節　学校行事における音楽活動の問題点　57
　第3節　音楽科と学校行事の有機的関連を求めて　59

第4章　日本における音楽科カリキュラムの歴史
　　　　——音楽科の役割の歩み　63

　第1節　近代唱歌教育の成立　64
　第2節　唱歌教育の普及と定着　68
　第3節　音楽科カリキュラムの成立と改革　71

音楽科教育の基礎理論

第5章　音楽科授業と子ども——子どもの音楽を読み取る　78

　第1節　意味のあるデータにする　80
　第2節　分厚いデータを目指す　82
　第3節　データと理論を往還する　85
　第4節　理論は深化する　87

第6章　音楽科授業と教材　92

　第1節　材料を「教材化」する　93
　第2節　楽譜を見て曲を聴く　96
　第3節　未知の音楽へのチャレンジ　101

第7章　音楽科授業と教師——教師に求められる音楽能力　105

第1節　音楽授業の前に　106
第2節　教師になる前に必要とされる音楽能力　107
第3節　学校現場や社会が教師に求める音楽能力　111
第4節　発想の転換　113
第5節　教師に求められる方向性　116

第3部
音楽科教育の実践

第8章　音楽科の目標・指導内容・指導計画・評価　120

第1節　音楽科の目標　121
第2節　指導内容　123
第3節　指導計画　126
第4節　評　価　128

第9章　これからの歌唱・合唱の指導　134

第1節　児童・生徒の心情を生かした合唱指導の実際　135
第2節　日本語の特性を生かした歌唱指導
　　　　——高校生の主体性を育む日本語オペラの取り組みを通して　140

第10章　これからの器楽指導　147

第1節　楽器の特性を生かした器楽合奏の指導　148
第2節　楽器の特性を生かした和楽器の指導　153

第11章 これからの音楽づくり・創作の指導　165

第1節　子どもの表す力と聴く力を拓く音楽づくりの指導　166

第2節　生徒の音楽生活を活かした創作の指導
　　　　——J-POPの音楽構造に基づいた旋律創作方法　173

第12章 これからの鑑賞指導　184

第1節　様々な学習の入口としての鑑賞指導　185

第2節　表現と鑑賞の関連をはかった鑑賞指導
　　　　——身体表現の観点から　190

第13章 社会とつなげたこれからの音楽科の指導　197

第1節　アウトリーチを生かした音楽科の指導　198

第2節　地域社会における音楽活動へつながる音楽科　203

終章　これからの学校教育と音楽　211

第1節　音楽を通して人間を育てる音楽教育　212

第2節　グローバル化する世界における音楽教育　217

序章

学校における音楽教育

はじめに

　なぜ学校で国語を教えるのか、なぜ学校で算数や理科を教えるのかという問いかけをする人はいないだろう。ところが、なぜ学校で音楽を教えるのか、音楽科の存在理由は何か、という問いかけはこれまで繰り返しなされてきた。音楽は教科として、学校教育にあって必要不可欠なものなのかどうか。音楽は人々が生きていく上で役に立つものなのかどうか。あるいは、音楽は学校で教えなくても個々人が楽しんでいるのではないか……などなどの理由からである。

　幸いなことに、これまでわが国では音楽が小中学校9年間にわたり必修教科としてずっと位置づけられてきた。これは世界各国と比較してみても［国立教育政策研究所2003,山本2006］、芸術教科の尊重という点ですぐれた教育課程ととらえることができる。

　ここでは、学校で音楽教育を行う意義と役割をこれまでの研究や実践の中に探り、学校の音楽教育で大切にすべき点をあげていくことにする。

第1節　学校における音楽教育のとらえ

1. 学校における音楽教育の場

　まず最初に学校における音楽教育の場の広がりをとらえておきたい。学校における音楽教育というと、誰しも音楽の授業を思い浮かべることだろう。もちろん、音楽の授業、すなわち音楽科における音楽教育が学校における音楽教育の中心であることは間違いない。しかし、学校教育全体をとらえた時、音楽は音楽の授業以外にもさまざまな場面で子どもたちの教育に関わっている。

　大きく、(1)音楽科（音楽の授業）における音楽教育、(2)特別活動における音楽教育、(3)学校の生活における音楽教育、に分けることができる。

（1）音楽科（音楽の授業）における音楽教育

　学校教育の教科の1つである音楽科では、学習指導要領をふまえて、目標、内容・教材、方法、評価などからなる指導計画のもと、表現と鑑賞の活動により音楽教育を行っている。

（2）特別活動における音楽教育

　クラブ活動、児童集会、学校行事など、学校の特別活動で、音楽は学校教育にさまざまな関わりを持っている。学校行事としては、入学式・卒業式などの式典、運動会、学習発表会、校内合唱コンクールなどをあげることができる。特に中学校における校内合唱コンクールは、音楽の授業との連携をはかりながら、学校における大きな音楽教育の成果とつながってきた［加藤 2008：27］。小学校での児童集会としての音楽集会は、全学年を通した音楽活動を行える場として、また子どもたちの委員会活動とつなげた音楽活動として、貴重な音楽教育の場となっている。

(3) 学校の生活における音楽教育

　学校の生活では、さまざまな場面で音楽が校内放送を通して流されている。たとえば、登下校の時間、給食、清掃の音楽などである［加藤監修2009］。中には、放送委員会等、子どもたちの企画による選曲が行われている場合もある。毎日繰り返し耳にする音楽として、あるいは活動と一体となった音楽として、大きな影響力を持つ音楽教育といえる。

2. 学校における音楽教育と社会

　学校における音楽教育は、縦断的に横断的に社会とつながっている。縦断的とは、人々の一生と学校における音楽教育のつながりをとらえるものである。一方、横断的とは、現在における学校と社会のつながりをとらえるものである。

(1) 縦断的なつながり

　学校教育における音楽教育の内容や方法を考えるとき、幼少時からさまざまな環境のもとで身につけてきた子どもたちの音楽の力をふまえる必要がある。また、逆に、学校で身につけることができた音楽の力が生涯にわたって生かされていくような内容や方法をとらえる必要がある。

(2) 横断的なつながり

　学校の音楽教育は、学校外の社会における人や組織あるいは社会の中での活動と連携をはかりながら進められている。特に、教育内容が多様化してきた今日にあっては、学外の専門家を学校に迎えての教育が行われたり、地域の行事や博物館あるいは図書館とつなげるなど、社会の中でのさまざまな活動や機関と連携をとることが大切にされるようになってきた。

3. 学校における音楽教育の特性

学校における音楽教育は、一般社会の中での音楽教育と比べて、次のような特性を持っている。

(1) 学校教育の教育目標のもとに位置づけられた意図的な音楽教育である。
(2) 学校・教師・音楽・子どもの関わり合いのもとで行われる音楽教育である。
(3) 個人としての学びだけではなく、集団の中での学びが大切にされる音楽教育である。

（1）学校教育の教育目標のもとに位置づけられた
　　意図的な音楽教育——学力形成と人間形成

音楽科における教育、特別活動における音楽教育、学校の生活における音楽教育のいずれについても、学校教育全体の教育目標やそれぞれの学校の教育目標のもとに位置づけられた音楽教育であることをふまえておく必要がある。学校教育の教育機能としては、知的成長による学力形成（能力形成）、人間的成長による人間形成（人格形成）、自己了解による能力評価、の3つが主なものとされている［田中 2013：13］。学校教育において音楽が担うべき学力形成とは何か、人間形成に果たす音楽教育の力は何かを問い続けながら、学校における音楽教育の実践が行われている。

（2）学校・教師・音楽・子どもをつなげた音楽教育

学校における音楽教育では、学校・教師・音楽・子どもをつなげた音楽教育が行われている。そこでは、計画・指導にあたる教師の学校教育ならびに音楽教育についての専門的な資質・能力が求められる。

この能力の中で特に大切なのは、音楽的・教育的にすぐれた価値を備えた音楽を選択する力とそれを音楽教育に生かす指導力である。また、それに加えて大切なのは、教師の子ども理解の力である。子ども理解には、子

どもの日常生活の中での音楽経験を見取る力、子どもたちの主体的な学びを生かす力など、多面的な力が含まれる。

（3）学級集団の中での音楽の学び

　学校の音楽でもっとも印象に残っていることとして、必ず一番にあげられるのは、校内合唱コンクールに向けてクラスの仲間たちと一丸となって合唱を仕上げたことである。これは、学級集団という学校教育における重要な単位での活動と合唱という集団での音楽活動が結び合った結果と言える。この他、小学校の器楽合奏でピタッと合った時がとても嬉しかったという答えが返ってくることも多い。大人になってからもその時の楽譜を大事に取ってあるという人もいるほどである。

　これらからは、学校における音楽教育の特性として、個人での音楽経験の他に、学級集団の中での音楽経験を重要な特性としてとらえておく必要があることがわかる。ただ集団というだけでなく、学級集団の中での音楽経験という点が重要である。

　また音楽に限らず、学校では教師と子どもという関係だけではなく、子どもと子どもの間での学び合いが大切にされている。個々の子どもたちの感性が大きな要素となる音楽教育では、お互いの感性の違いを認め合うことも含めて、子ども同士でさまざまな学び合いをしている。たとえば、友達の好きな音楽を知り関心をもつ、友達の演奏から楽器の奏法を学ぶなど、学び合いの形はさまざまである。

第2節　音楽科における音楽教育の意義と役割

　学校教育における音楽教育の中で中心となる音楽科（音楽の授業）における音楽教育について、その意義や役割を見ていくことにする。

1. これまでの音楽教育学研究からとらえる

（1）心の教育としての音楽教育

　わが国における音楽教育研究の先達の1人、浜野政雄は1967年に現代社会における音楽教育の意義として次のように述べている。

> 　音楽による審美的教育は、（人間の精神活動を知・情・意の三つの面に分けてとらえた時の）情の面について大きな役割りを受け持っている。すなわち、音楽が文字や言葉、あるいは具体性をそなえた形などのなんらの仲介なしに、直接人間の心に働きかけ、美的情操を培う力は、他の教科では替えられないものを持っているのである。
>
> 　　　　　　　　　　　　　　　　　　　　　　　　　　　[浜野 1967：40]

　また、もう1人の音楽教育研究の先達である供田武嘉津は、1975年に学校における音楽教育の使命として次のように述べた。

> 　音楽の芸術的価値（本質的価値）および教育的価値（意図的・随伴的）のなかから選ばれた諸価値を、全人教育の立場から希求するところに、学校音楽の使命がある。（中略）私たちが音楽教育を行うのは、音楽そのもののなかに、芸術的にはもちろん、教育的にみても、他の手段（他教科）では、おそらく得難いような、貴重とも思える多種多様の価値が内包されているからであり、（中略）全人教育の立場として、あまりにも当然な教育的使命だといえるのではなかろうか。
>
> 　　　　　　　　　　　　　　　　　　　　　　　　　　　[供田 1975：49]

　浜野が述べた、他の教科では替えられない直接人間の心に働きかけ、美的情操を培うような音楽の力、供田が述べた、他教科ではおそらく得難いような芸術的、教育的に多種多様の価値とは何なのか。そして、それらの

力や価値を子どもたちに伝える音楽教育とはどのような教育なのか。浜野はさらに続ける。

> 音楽科は数学や理科とはまったく次元の異なる美を内容とする、芸術的情緒に関する教科なのである。(中略)心の活動をする教科なのである。(中略)つまり他の教科と同じ列で考えることのできない教科なのである。数学でも理科でも、そして道徳でも文学でも、また美術でも満たし得ない、もうひとつの人間の心の空間を埋める教科なのである。
>
> ［浜野 1967：43］

　私たちが学校の音楽教育の内容や方法を考えるとき、そして、なぜ音楽教育が学校で必要かを考えるとき、「心の活動をする教科」「美術でも満たし得ない、もうひとつの人間の心の空間を埋める教科」とした浜野の言葉を忘れてはならないと思う。

　一方、供田は芸術教育に随伴的にもたらされる教育的価値として次の4点をあげている。

　　1　芸術教育は情操の陶冶に有益である。
　　2　芸術教育は創造性の開発を促進する。
　　3　芸術教育は個人の成長を助成する。
　　4　芸術による審美感は生活を豊かにする。

［供田 1975：33-36］

　供田は芸術教育に随伴的にもたらされる教育的価値としているが、芸術教育を音楽教育に置き換えたとき、これらはいずれも音楽教育の価値や役割そのものとしてとらえることができる。音楽教育は「情操の陶冶」「創造性の開発」「個人の成長」に寄与し、そして音楽教育によって出会うことができた音楽による「審美感」は生活を豊かにするという主張は、なぜ学校で音楽を教えるのかについて明解に答えている。

(2)〈豊かな人間性の育成〉と音楽の教育的価値

　浜野、供田が音楽教育の意義をとらえてから20年を経た頃の、学校における音楽教育の意義についての見解を見てみよう。この20年の間に学校教育全体に大きな転換がはかられた。

　1984（昭和59）年に発足した臨時教育審議会に端を発した教育改革のもと、「新しい学力観」に立つ教育が進められた。1989（平成元）年に告示された学習指導要領では、豊かな心をもち、たくましく生きる人間の育成、自ら学ぶ意欲と社会の変化に主体的に対応できる能力の育成、個性を生かす教育の充実、国際理解を深め、我が国の文化と伝統を尊重する態度の育成など、「新しい学力観」に基づいた教育課程の規準のねらいのもとに、音楽科の目標や内容が示された。特に、「つくって表現する」活動が位置づけられたことは大きい。

　1996（平成8）年には第15期中央教育審議会の第1次答申が出され、子どもが自ら学び、自ら考える力を育てるという〈生きる力〉の育成が大切にされるようになり、各学校が創意工夫を生かし特色ある教育をすることも盛り込まれた。また、国際社会に生きる日本人としての自覚の育成もあげられた。具体的な変更は、すべての学校種に「総合的な学習の時間」が新設されたこと、音楽では中学校に3年間を通じて1種類以上の和楽器を用いることとされたことなどをあげることができる。

　以上のような教育改革の中で、学校における音楽科の役割はどのようにとらえられたのだろうか。

　1986年11月5日付の文部省教育課程審議会の答申（中間まとめ）に対する、日本教育大学協会全国音楽部門大学部会と日本音楽教育学会の合同要望書の内容には、音楽科の存在理由として以下の5項目が挙げられた。要望書の作成の中心になったのは山本文茂である。

　・「感動体験の共有」（喜びを分かち合う）
　・「知性と感性の融合」（よく考え、鋭く感じ取って判断する）
　・「精神の集中と意志の持続」（気持ちを引き締めて、たくましく前に進む）

- 「人間感情の純化」(より高いものを求める)
- 「感性による現実認識」(思いや願いを汲み取る)

[山本1997：27,山本2006：11ほか]

　ここからは、音楽科の存在理由として、学校教育が果たす教育的機能の中で音楽教育が担うことができる役割を強く主張していく必要があったことが読み取れる。
　一方、小原光一は〈生きる力〉と音楽科教育の意義の関わりを次のように考察している。

　〈生きる力〉とは、変化の激しい社会を生き抜いていくための「全人的な力」であり「全人的な力」は自ら課題を見つける力、問題を解決する力、他人と協調し他人を思いやる心、物事に感動する心などによって育まれる豊かな人間性とたくましい体力を指している。こうした、教育全体としての課題である〈豊かな人間性の育成〉にあたって、音楽教育の役割は確固として不動であり、人間としての人間らしさを形成するうえで欠くことのできない〈心の豊かさ〉を醸成するために果たすべき音楽教育の役割の重要度は今まで以上に高まる。

[小原1997：11-12] より要約

　自ら学び、自ら考える力を育てるという〈生きる力〉の育成にあって、人間としての人間らしさを形成する上で欠くことのできない〈心の豊かさ〉を醸成する音楽教育の役割は確固として不動であるという言葉に、強く打たれる。

（3）音楽の文化的・人間的意味の追求

　河口道朗は、教科としての音楽の役割を、音楽の文化的・人間的意味の追求であるとした。まず、音楽学習を「音楽の知識と技術、概念や法則を

通して、音を媒介にして認識された現実ないし実在を意識的・主体的に追求していく過程」としてとらえる。その上で、子どもたちが音楽を意識的・主体的に追求していくためには、教科としての音楽は、子どもたちが日常の生活、経験、環境の中で培った、音楽とその学習についてのイメージや感情を出発点とすることが大切だとした［河口1991：353-355］。

（4）総合化・本質化・共有化・継続化

山本文茂は、これからの音楽教育に向けてとして、音楽教育の総合化・本質化・共有化・継続化の4つの視点を示している［山本2006ほか］。この4つの視点を学校における音楽教育の意義として読み替えてみると、以下のようにとらえることができる。

- 総合化：音楽が備えている総合的な性格を、音楽の諸活動間での関連や他教科との関連を通してとらえることができる。
- 本質化：音楽活動を通して、自分らしさを確かめることができる。
- 共有化：音楽の楽しみや喜びを友達と共有することができる。
- 継続化：自ら生涯にわたって音楽を楽しめるような力をつけることができる。

2. 音楽の授業場面からとらえる

1で見てきた音楽科の音楽教育の意義と役割は、実際にどのような学習指導に見ることができるだろうか。これまでに出会ってきた音楽授業から学校・音楽・子どもの関わりを考えるいくつかの場面を紹介したい。

【シーン1】リコーダーで1つになった教室
（音楽文化の学び、感動体験の共有、心の教育、本質化）

北海道のある小学校で聴いたリコーダー合奏の音が忘れられない。3年生が《ミッキーマウス・マーチ》に取り組んでいた。先生はベテランの物静かな男の先生だった。澄んだ音色、はずむリズム。そして何よりもステ

キだったのは、子どもたち全員が吹くリコーダーの音が溶けあってまったく１つの声に聴こえてきたことだった。その１つの声になった音は、聴いていた私たちをとても幸せな気持ちにさせてくれたが、おそらく、演奏していた子どもたちが一番その幸せを味わっていたことだろう。

【シーン２】歌集で育つ子どもたち
　　　　　（音楽文化の学び、自分理解・相手理解、心の教育、継続化）

　ある東京の小学校。この小学校では、１年生から６年生まで同じ歌集を全員が１冊ずつ持っている。どの学年でも音楽の授業のはじまりは、歌集の歌のリクエストタイム。100曲以上の歌の中から、「私が今日歌いたい曲」を数人ずつリクエストしてみんなで歌っていく。リクエストの順番が回ってきた子どもは、どうしてこの曲を選んだかを説明してリクエストしていく。６年間通して歌っているうちに、100曲もの歌がいつでも口ずさめるようになり、その中から自分の愛唱歌が生まれている。

【シーン３】中学校でのスコア（総譜）を使った鑑賞
　　　　　（音楽文化の学び、心の教育、継続化）

　新潟の田んぼに囲まれた中学校でのこと。そこで出会ったのは、中学３年生が、ドヴォルザーク作曲《交響曲第９番ホ短調作品95 新世界より》を全楽章、オーケストラスコアを追いながら鑑賞するという授業だった。男子生徒たちが必死でスコアのページをめくりながら鑑賞している姿に強く心惹かれた。音楽の先生から伺った話がまた素晴らしかった。「卒業生たちがボロボロに使い古したスコアを手に、今でもずっと聴いています、と会いにきてくれるのがとっても嬉しくて……」。

【シーン４】学校で音楽を聴くこととは（心の教育、継続化）

　東京のある中学校の朝の音楽室。静かにCDから音楽が流れている。生徒たちはその音の響きの中に思い思いの姿勢で身体を委ねている。中には、机に突っ伏してうつらうつら眠っている生徒もいる。先生は音楽について

何一つ説明することなく、問いかけることもしない。そして、「みな、受験勉強で本当に疲れています。学校でのこのひとときだけが、音楽で心を癒される時間なのです」と語っていた。

　小学校から表現に関するシーンを２つ、中学校から鑑賞に関するシーンを２つ紹介した。学校でなぜ音楽を教えるのかについて、これらのシーンから見えてくることは何だろう。
　リコーダー合奏のシーンからは、音楽の授業で先生から楽器の奏法を教えてもらい、自分で工夫すると共に友達の音を聴き合っていくことで、１人では決して味わうことのできない音楽の喜びを学校で得ていることがわかる。歌集のシーンからは、６年間にわたり繰り返し歌い続けることで、生涯にわたり口ずさめるたくさんの歌を覚える、気持ちにのせて歌を歌えるようになる、歌を通して友達のことを知るなど、学校ならではの歌の学びができていることがわかる。
　中学校の鑑賞のシーン２つはいずれも、学校で一般的に行われている鑑賞指導とは異なるものである。しかしここからは、学校で音楽をなぜ教えるのかへの大切な答えを見つけることができる。その１つは、音楽をこれまでに積み重ねられてきた人間の文化として教え・学ぶことの重要さである。スコアを追いながら交響曲を鑑賞するという学習指導により、オーケストラの楽器の音色、交響曲の音楽構造など、ヨーロッパの芸術音楽という文化をしっかりと学ぶことができた。学校の音楽授業だからこそできた音楽の学びだろう。もちろん、学校での学びの対象はヨーロッパの芸術音楽に限られることではなく、日本の伝統音楽、諸外国の民族的な音楽、そしてジャズやポップスなど多様なジャンルの音楽が対象となる。
　学校の朝の音楽室の鑑賞のシーンからは、学校で音楽を教えることの意味をどのように読み取ることができるだろうか。学校での生活の中で、音楽室で思い思いの姿勢で音楽を聴くひとときがいかに大切かを身をもって体験した生徒たちは、人々の暮らしの中で音楽を聴くことが果たす役割について気づいていく。

以上を例として、実際の授業場面からは多様な形で学校教育における音楽教育の意義と役割を読み取ることができる。音楽科の実践にあたっては、今目の前にいる子どもたちにとって学校における音楽教育がどのような意義と役割をもつのかを、教師1人ひとりがしっかりと意識しながら進めることがもっとも大切だろう。

第3節　学校における音楽教育で大切にしたいこと

1. 子どもをとらえる力──日常生活の音楽経験、発達特性など

（1）日常生活の音楽経験

　河口道朗も述べているように、学校での音楽教育は子どもたちが日常の生活、経験、環境の中で培っている音楽の学習の在り方を出発点としたい[河口 1991：353-355]。たとえば、小さい子どもたちは遊びの中で日本語の抑揚を楽しんでその抑揚を大きくしてみたり、日本語のリズムを使って遊んだりしている。このような日常の生活の中で培っている音楽的な要素を、教師が聴き取り、それを生かし発展させていくことは、学校の音楽教育の大きな役割の1つである。

　子どもの日常生活と音楽の関わりとして、もっとも大きな影響力をもつものはマスメディアやインターネットによる音楽環境である。テレビ、映画、あるいはインターネット上で発信されるさまざまな音楽が、子どもたちの音楽経験のほとんどを占めていることは間違いない。学校における音楽教育の教材ならびに方法の両面にわたって、これら、日常生活の中での音楽経験をどのように位置づけていくかは重要な課題である。学校では、日常生活の中では経験できないような音楽経験をもたらすことに意義があるという位置づけもできるだろう。また一方で、日常生活の中で親しんでいる音楽や音楽の学び方を学校での音楽教育につなげるという位置づけ方

も考えられる。

（2）発達特性

　子どもをとらえるにあたっては、子どもたちの発達特性をふまえておくことが大切である。たとえば、教材選択では、子どもたちの音楽面での発達特性ばかりでなく、心理面など全体的な発達特性をふまえて選択していく。ただ一方で、音楽の学習に絶対的な順序性はないため、先にみてきた小学校の歌集の例にあるように、発達特性や発達段階にあまりとらわれることなく、小さい時から質の高い音楽を豊富に体験していくことが大きな成果につながる。

2. 音楽をとらえる力——*教材・内容・方法*

　学校教育における音楽教育では、子どもたちに音楽との出会いの場を提供し、その音楽の学習の深まりを通して、学力形成や人間形成につなげている。音楽文化の理解も含めて、学校でなければ出会えなかったような未知の音楽との出会いは、学校教育における音楽教育の意義としてもっとも大切なものの1つである。

　どのような音楽と出会わせ（教材）、どのように学習を深めていくか（内容・方法）が学校における音楽教育の核である。その際、音楽がもつ音楽的・文化的・教育的価値を教師がどのようにつかみ取ることができるかが、大きな鍵となる。

　一方、学校教育の音楽では、「音楽」の範囲が大きな広がりを持つようになってきた。教科書には、日本を含め世界のさまざまな地域のさまざまなジャンルの音楽が教材として掲載されている。たとえば、高校の教科書全体では、アジアをはじめとしアフリカ、ヨーロッパ、北米、中南米、太平洋にまたがる30にも及ぶジャンルの音楽が紹介され、取り上げられている楽器は60種類にものぼっている。指導内容にも広がりがみられる。舞踊とのつながり、演劇とのつながりなど、音楽を総合的にとらえるように

なってきた。また、身体の動きからとらえた音楽指導の在り方など、音楽の体験そのものの根源をとらえた指導も行われている。

　これら、教材・内容・方法の本質化と広がりを、これからの学校における音楽教育でどのように位置づけていくかが問われている。そのためには、教師自身が音楽経験を豊かにし続け、自身の音楽的な感性や能力を高め続けることが重要となる。

3.　感動体験をもたらす——*教材・指導法*

　はるか昔に、音楽科の教育内容は感動体験であると述べて、大きな物議を醸したことがある。しかしいまだもって、学校での音楽教育が意義をもつかどうかの核となるものは、音楽によりもたらされる感動体験であると信じている。浜野政雄が述べた、他の教科では埋めることができない心の教育、あるいは小原光一の言う〈心の豊かさ〉を醸成する教育は、音楽による、あるいは音楽を通した感動体験と深くつながってこそ成り立つものと考える。

　感動体験をもたらすような教材選択のあり方は、教材が持つ音楽性と目の前にいる子どもたちが持つ音楽性とをつなげる教師の音楽的な感性が大きく関わっている。合唱曲や合奏曲の選択、鑑賞曲の選択など、学校における音楽教育では、教材選択が感動体験につながるかどうかの大きな鍵となっていることが多い。

　感動体験をもたらす指導法について、その1つをとらえてみたい。音楽は実技を伴う教科であるため、実技でこれまでにできなかったことができるようになった時、音楽を通して大きな感動を得ることができる。たとえば、これまでどうしても出なかった高い声が出せるようになった、これまでどうしても出せなかったリコーダーの高い音が出せるようになったなど、これまでにできなかったことができるようになったという経験は、子どもたちに大きな感動体験をもたらす。このような感動体験につながる指導法とは、どのような指導法なのかを考えることが大切である。それは教師が

どのように教えるかだけではなく、どのような学びの環境をつくっていくかにかかっている。そして、この感動体験は、生涯にわたって音楽に親しむことにつながっていく。

　次章以降、本章で述べたことの具体がさまざまに示されていく。

引用・参考文献、CD

小原光一「序章　今、大切なこと」小原光一、山本文茂監修『音楽教育論――子供・音楽・授業・教師』教育芸術社、1997年

加藤富美子「2学校教育のなかの音楽」『現代日本社会における音楽』（放送大学教材）財団法人放送大学教育振興会、2008年

河口道朗『音楽教育の理論と歴史』音楽之友社、1991年

国立教育政策研究所編『音楽のカリキュラムの改善に関する研究――諸外国の動向』2003年

田中智志「序章　教育とは何か――教育理念と社会構造との間で」田中智志、橋本美保監修・編著『教育の理念・歴史』（新・教育課程シリーズ）一藝社、2013年

供田武嘉津『音楽教育学』音楽之友社、1975年

浜野政雄『新版　音楽教育学概説』音楽之友社、1967年

山本文茂「第2節　学校教育で求められる音楽教育」小原光一、山本文茂監修『音楽教育論――子供・音楽・授業・教師』教育芸術社、1997年

山本文茂『これからの音楽教育を考える――展望と指針』音楽之友社、2006年

加藤富美子監修（熱田庫康、大湊勝弘編著）『小学校行事・放送用音楽集』（CD全6巻・12枚組）日本コロムビア、COCE-35751～35756、2009年

第 *1* 部

音楽科教育の役割

第1章

音楽科と生活
―― 学校が広げる音楽生活 ――

はじめに

　音楽科教育と生活とのつながりを見つめることは、学校で音楽を学ぶことの意味を考える上で最も重要なことのひとつといってよい。学習指導要領においては学年を通じて「音楽経験を生かして生活を明るく潤いのあるものにする態度と習慣を育てる」(小学校)、「音楽によって生活を明るく豊かなものに」(中学校) する態度を育てることが目標として謳われているが、この目標を理論と実際両面で深く追及することは難しい。
　生活の中で受動的に音楽を聴くことはあっても、自ら積極的参加者となって音楽を発信する機会はほとんどないという人、進んで演奏会に足を運ばないという人は世間に少なからずいるだろう。そうした人たちにとって、音楽科教育での経験を通して身につけた能力（何かができるようになる、上達する、知識が増えるといった意味での能力）が活用される場面が極めて少ないことは想像に難くない。音楽科での経験を通して身につけた知識や技能を生かして日常生活で積極的に音楽に関われば、もちろん豊か

音楽生活を送れるだろう。だが、それをしないからといって、かならずしも生活に不足や不都合が生じるわけでもない。こうした点から、学校で音楽を学ぶことの意義が厳しく問われるのも無理はない。音楽科の学習と生活とのつながりというのは、身につけた知識や技能が他所で応用できるかどうか、もっと言えば学校外で何かの役に立つかどうか、という観点からだけではない、もっと深い見方、あるいは別の観点からの捉え方も必要なのではないだろうか。

第1節　人が音楽を学ぶということ

1. 生活の中にある学び

　はじめに確認したいことは、人は生涯にわたり音楽に関わって生きる存在であるということ、そしてその音楽との関わりの中には心と身体に関わる計り知れないほど多くの知の獲得が含まれているということである。

　そもそも私たちが日常的に当たり前に行動したり考えたり思ったりしている背後には、膨大な学びの蓄積がある。1人の人間がある社会の中で成長する（その文化の中で育つ）過程においては、自分を取り巻く環境の捉え方や感じ方、ものごとの見方や考え方、外界に向けてのはたらきかけ方や自己の表わし方、人との関わりかた、さまざまな振る舞いのしかたや習慣に至るまでが、自覚の有無にかかわらず、多様で膨大な学びの蓄積によって形成されている。それは単に何かができるようになったり知識が増大したりするといった形で目に見えることだけでなく、それぞれの人の精神的な変容としても表されるものである。

　音楽に関わっての学びもまた、こうした膨大な学びと無縁ではない。人は誕生から死ぬまで、音楽に限らずあらゆる社会的・文化的な実践を積み重ねながら学びつづける存在といえる。

2. ライフステージそれぞれでの音楽

　日常生活において積極的に音楽に関わることがない人であっても、生きた軌跡を振り返ってさまざまなライフステージを見つめれば、意図的にせよ無意図的にせよ音楽との関わりが全くないという人はいないはずである。そしてそうした人生の道筋の中での音楽との関わりの中には、その人が意識しているといないとにかかわらず、多くの学びが含まれている。

　例えば、3歳頃になるとレパートリーは何であれ人は楽曲を歌って他者とコミュニケーションするようになる。生活の中でその時どきの関わりあいにふさわしい歌を歌うことは、その子どもなりの自己実現であり、他者との情動的な関係の構築である。これはいわば、生きることと直結した営みであるといってもいいだろう。

　このように「歌う」ようになるまでには、多くの場合、楽曲の情報や歌という概念がとくに意識的に教えられたりしたわけではないだろう。誕生以来日常的に積み重ねられる養育者との声のやりとり、養育者からの歌いかけや親子間もしくは子ども同士の遊び、メディアからの情報の受容などの中に多様な学びの蓄積があり、これを通して「歌う」という社会的・文化的な行為が成立していくのである。その過程では自己の確立が図られ、共感力や協働性といった人間関係にもとづく力が育まれる。また、楽曲認知や身体（音声）操作の技能の伸長などといった個々の能力もまた学びの成果として身につけられていく。

　学びの連続と蓄積は、乳幼児期のこうした変化だけに限らない。児童期から高齢の成熟期にいたるまで、家族や地域や趣味の集団の中での音楽の共有とそれにともなう人間同士の関わりあい、メディアを通しての音楽受容など、音楽に関わる経験は日々重ねられており、そこでの学びの蓄積が私たちの人生を形づくっている。生きることは、その時どきのライフステージなりの学びを蓄積していることにほかならない。場面ごとの多様な音楽との関わり（実践）に埋め込まれた学びが人の在り方を支え、精神を形づくるのである。学校における音楽学習は、そうした生涯にわたる学び

を見据えた位置づけと役割とが考えられるべきであろう。

第2節　学校の内と外を結ぶ学び観

1. 学校の中の学び

　学校教育に目を向けてみると、それは前項で述べたような生活のさまざまな実践に埋め込まれた学びとは一線を画する形で、意図的・計画的な学びとして構想されるものであるといえる。

　成熟した大人として社会に参加し貢献する人材を育成することは、近代的な公教育にとっての重要な使命のひとつである。この使命を果たすことを目的として、生活場面とは切り離された系統的なカリキュラムが学校の中に実現されてきたことは半ば当然のことであろう。こうした学校教育のあり方が、子どもたちを社会における有用な人材として育てることに効果をあげてきたことは間違いない。だが20世紀も終わりの四半世紀頃には、テクノロジーの進歩や情報化、国際化による社会の急速な変化を背景として、学校教育のそうしたあり方では現代社会に対応して社会参加する人材の育成に対応しきれないのではないか、という声が出てくることになる。

2. より深い理解への志向と状況性への着目

　R. K. ソーヤーは伝統的な学校教育のビジョンを教授主義であると言っている。教授主義は「知識は世界に関する事実（facts）と、問題を解決するための手続き（procedures）からなる」［ソーヤー 2009：1］ことを前提とし、学校教育の目的が「これらの事実と手続きを生徒たちの頭の中に注入すること」［同］であると述べている。そして、この教授主義は20世紀の工業化経済社会においては功を奏したとしても、これからの知識社会には適応できないと指摘する。

こうして社会の変化を背景として学校教育のあり方が問われるとともに、いわゆる教授主義からの転換の必要性が広く認識された。1970年代以降の学習科学が「教授主義は、教室外で使用するのが困難な学習を結果としてもたらすことになる」［ソーヤー 2009：1-2］として、「より深い概念的理解の重要性」［同］を説いたのは、その転換のひとつの現われである。この「深い概念的理解」とは、「表面的な知識よりも深い知識を学び、現実世界や実践的な状況におけるその知識の使い方」［ソーヤー 2009：3］を身につけることであり、本質を摑み幅広い文脈へ一般化できるような理解を指している。

　転換の現われのもうひとつとして、学びの状況性への着目がある。人々が気づいたのは、社会的・文化的実践の中で学びとられた知識が大きな有用性や広い応用可能性をもつことである。徒弟制の中で見てまねること、芸事の伝承、子どもなりに役割を取りながら行事に参加する姿など、人が状況に応じて関わりあいの中で総合的に学びとっていく姿は、学校教育が欠いてきたものを逆照射して明らかにしたのである。状況に応じて考えたり答えたりすることが可能な知識の獲得のためには、環境を巻き込んだ知的過程として学びを捉える見方が必要であると考えられるようになった。そしてこのことは、学校教育における協働性への着目へとつながっている。

　もちろん「より深い理解」も「状況性」も相互に関連しあうものであり、結果的に深みのある社会的・文化的な知の形成に向かうものと考えてよいであろう。

3．音楽の学びにおける深い理解を求めて

　ソーヤーが言う「より深い概念的理解」が、学校での学びの成果を学校外の状況においても活用できるような本質的な理解を指すのであるとしたら、音楽においてはこれをどのように考えていくべきなのだろうか。音楽なりにそれを目指す方向性は模索されてきたといえるだろう。だが音楽経験を通して目指される「深い概念的理解」とは何なのかというのは美学的・哲学的な課題を含み、かならずしも納得のいく答えに至っているとは

言えないのではないか。

　「より深い概念的理解」を音楽科において求めようとする時、ひとつの方向性としてはこれを「音楽を概念化して理解する」ことと捉え、音楽の要素や要素の繋がりおよび構造を概念的に認識したり操作したりできるようにすることを目指す方向があるだろう。

　音楽の諸要素（それ以上分かてない最小の成分という文字通りの意味で考えれば音高、音の長さ、音の大きさ、音色）や要素間の結びつき、あるいは構造の認識と操作を一連の心的過程として図式化することは、音楽に関わる人の内面への洞察を深める上で役立つであろう。しかし多くの場合この図式化は「人－音楽」の二項関係に閉じられており、音楽の社会性や文化的側面がそぎ落とされてしまう。また、この図式は現実世界から分断された人工知能型の情報処理モデルに依拠することが多く、私たち自身の現実経験と乖離するところもある。音楽を聴いてゾワッとする経験を、私たちは図式化した過程として自分で感知することも実感することも他者の中に見とることもできない。「フレーム問題」（どんなに精緻に思考過程や判断過程がプログラミングされた人工知能も、状況に応じた動きを人間のようにすることはできない）が示すように、概念的思考モデルは人間の対象認知と操作のプロセスの説明に一定の役割を果たすことができても、完全に説明しきることはできない。

　私たちと音楽との関わりには、瞬間の連鎖の中に総合的に起こることが多々ある。また、科学的な判断や思考過程とは違って、想像力に支えられる面（答えがひとつに収斂しないような思考といってもよい）も大いにある。音楽に関わる人の心的過程は、こうした総合性や想像力をも包括するような形で追求されていくことが課題であろう。

4. 社会的・文化的過程として捉える

　音楽の学びを捉える目は、「人－音楽」の二項間に閉じるだけでなく、社会的・文化的に開かれた過程として、つまり「人－音楽－人」の相互関

係の中に開く必要もある。

　家庭の中で歌いあう場面から幼稚園の一斉歌唱へ、家で趣味の楽器を鳴らすことから学校の鍵盤ハーモニカやリコーダーへ、電車の中で好みの音楽をイヤホンで聴く時間から学校の鑑賞授業へ、地域の祭への参加から学校での伝統音楽の学習場面へ、ストリートで楽しむジャンベから学校での諸外国の音楽の学習へ。こうして多様な文脈間を行き来する人にとって、個別の知識や技能が応用されうるという実感はあまりないのではないか。

　ここで注目したいのはそれぞれの文脈の中での学びを通して得られる、社会につながる形での力である。それは、身体を通して想像力と共感力を使いながら培われる協働性、他者と関わりながらの自己の確立と共同体の中でのアイデンティティ形成、実践し思考しながらの価値観の形成と相対化、社会的・文化的実践に対する参与の構えそのもの、などと言い換えてよいかもしれない。

　学びとはそれ自体が社会的な意味合いをもつものである。もちろんここでいう社会とは人と人が様々な結びつき方をする共同体を指し、子どもにとってみれば家庭の中の人間関係から始まり、保育園・幼稚園、小学校へと進む中でそれぞれの社会的関係へと入っていく。

　学校の音楽科での学びを社会的な過程として捉えることはことさらに新しい目ではなく、実はこれまでにもごく自然に子どもたちの音楽経験を我々は社会的なつながりの中に捉えてきた。

　これまでにも述べたが、人と人とが声と身体を介して関わりあいながらの共感力、協働性の育ち、情動面の成長はもちろんのこと、多様な音楽的文化財に教師と子どもたちとが共に触れることを通しての価値観の形成および相対化（いろいろな文化に触れることでの気づきや意見交換を通して）、アイデンティティの形成、社会と文化への参与の態度などは、すべて社会的・文化的過程としての学びの成果である。こうした関係性の中での精神的な変容を、音楽科授業は大切にしてきたはずである。

第3節　学校から生活へ、生活から学校へ

1. 社会・文化的な行為としての学び

　前節の2.〜3.において、学校の内と外を繋いで音楽学習について考える２つの方向性について触れてきた。ひとつは音楽という客観化された知を人が学びとる、いわば「人－音楽」の二項関係のなかに学びを捉える見方である。ここで目指される「深い理解」は、学校外の音楽経験においても活用可能な個人の能力を形成するとみることができるだろう。そしてもうひとつは、音楽の学びを社会的・文化的なものととらえ、人と関わり合いながら音楽することを通しての精神的な変容に目を向ける見方である。これは学校内外の生きる文脈間さまざまでの生き方を豊かにする社会的な力と読み替えることができるかもしれない。そしてこれは、音楽教育実践の中で響き合いや感動と言った受け止め方をされているものと通ずるといって差し支えないだろう。音楽の学びを本来的に社会的・文化的に開かれたものとして捉え、学校の授業という状況性の中でこそ実現しうる学びを見つめることの重要性が、あらためて認識できるように思われる。

　このように音楽学習を考えてきた最後に、人の発達と学習をめぐる近年の研究における思考枠組みの転換に目を向けておきたい。転換と言っても、音楽学習の内容を右から左に変更するといった転換ではなく、同じことであっても異なる見かたをクロスさせること、あるいは今まで暗黙的に行われていたことをあらためて価値づけすること、慣習的に行ってきたことを再検討したりすること、と考えるのがよいかもしれない。

　発達研究の「関係論的組みかえ」を主張する佐伯胖は、ヴィゴツキーの流れを汲み1970年代、1980年代以降に登場したジーン・レイヴとエティエンヌ・ウェンガー（1993）ら、そしてマイケル・トマセロ（2006）らの考えをあげ、そもそも人の知性が社会・文化的な関係性の中にあり、教育は「社会・文化の実践にすっぽり包み込まれている」とする思考枠組み、そ

して共感的な関係性の中での学習の必要性を説いている［佐伯2007］。

　レイヴとウェンガーは、徒弟制など社会的な実践に埋め込まれた教えと学びに着目した。状況性の中で学びとられる知識の包括性は、学校教育の中にも見直されるべきものだろう。トマセロは、人と人とのかかわりを基本とした共感力こそが人間の発達と学習を推進する鍵であるとして、学びが本来的に社会的なものであることを指摘した。こうした近年の学習をめぐっての思想の流れをみても、人と人とが関わりあって生きる現場での実践の中での学習の重要性があらためて認識されるだろう。

　哲学者の丸山圭三郎は、20世紀における思想的な変遷のおおきな流れのひとつに、「実体論から関係論へ」という視座の転換があるという。人の学びと育ちを捉える目にかかわってこの転換を考えるならば、それは対象化された情報を処理し操作する匿名の人から、文脈の中で生き、人と相互作用しながら共に育ちあう名前のある人への転換と言ってもよいだろう。

2．学校音楽が校門を出るかどうかではなく

　音楽授業と学校外での子どもたちの生活との乖離が云々されるのは今に始まったことではなく、「学校音楽校門を出でず」などと明治期から揶揄されてきたことはよく知られている。小学生が学校で習った歌を家庭で歌わないかといえば確かに多くはその通りかもしれず、人にはそれぞれのライフステージ、それぞれの環境と集団の中で歌う歌がある。それぞれの帰属するコミュニティによって関わる音楽のレパートリーが変わるのはむしろ当然のことといえる。

　保育園・幼稚園、小学校、中学校、高校と進んでいく中で音楽のレパートリーも音楽との関わりかたも変わる。学校での音楽活動から家族や友人と共にする音楽活動へと移行すれば、レパートリーも参加のしかたも変わる。ひとつの文脈から別の文脈へ、暗黙の裡に深い理解をもって通底する力もあれば、使わない知識、技能もある。大事なことは移行のスムーズさとか個別の知識・技能の応用可能性というより、そこで育まれる精神的な

変容、すなわち共同性の育ち、自己の確立、価値観の形成と相対化、そして社会・文化的実践への参与の構えなどであろう。

　学校の音楽授業においては、こうした力がさまざまな音楽活動を通して、そして何よりも子ども同士・子どもと教師という集団の中でのかかわりあいを通して意図的・計画的に育まれている。子どもたちは音楽科と生活との間を、音楽科の経験を通して育まれた力をもって行き来し、そのこと自体によって人生を豊かにしている。

　音楽科教育における学びを考える枠組みは、客観的な知識を個人が学びとるという個体能力の獲得という学習観だけに偏ってはならない。子ども同士・子どもと教師がかかわりあって実践に参与しながら知の創造と継承に参加し、人として成長する姿を見つめるまなざしをもつことが、必要である。

おわりに

　子どもの頃学校で歌ったことや演奏したこと、音楽を聴いたことなどの音楽経験を成人に語ってもらうと、それぞれの学校時代の音楽経験がそれぞれの人生の軌跡と結びついて大きな意味を持っていることが浮き彫りになる。それはけっして、そこで身につけた知識や技能、要素や構造の認知能力が今何かの役に立っているかどうか、ということだけではない。その時の実践そのものの成果としての精神的な変容が、その人の人生において意味を持ち、その人を心を豊かにしているのである。

　生活とのつながりというと、経験したことが生活場面でどのように応用されるのか、経験を通して身につけた能力がどういう場面に適用されるのか、といった視点で語られることが多い。もちろんそれも必要なことではあるが、しかし人の人生は役に立つことや利益になることの集合体で支えられるわけではない。人が人として、人とのかかわりの中で充実して豊かに生きることは、功利的に役立つか立たないかで測られる面だけに支えられるわけではないことを、忘れてはならない。

引用・参考文献

佐伯胖『共感――育ちあう保育のなかで』ミネルヴァ書房、2007年

佐々木正人『アフォーダンス――新しい認知の理論』岩波書店、1994年

ソーヤー，R. K. 編（森敏明、秋田喜代美監訳）『学習科学ハンドブック』培風館、2009年

トマセロ，マイケル（大堀壽夫ほか訳）『心とことばの起源を探る』勁草書房、2006年

丸山圭三郎『欲動』弘文堂、1989年

レイヴ，ジーン、エティエンヌ・ウェンガー（佐伯胖訳）『状況に埋め込まれた学習――正統的周辺参加』産業図書、1993年

第2章

音楽科と学力
―― 学校で育む音楽の学力 ――

はじめに

　子どもたちの生活のなかには多様な音楽があふれており、ありとあらゆる音楽の実践が存在する。子どもが音楽にふれる場は、学校とは無関係にどこまでもひろがりをもち、その子ども自身の環境によって良くも悪くも大きく規定される。

　しかし、その一方で、すべての子どもたちはその能力に応じた教育を受ける機会を保障され、学ぶ権利をもっている。子どもの貧困が社会問題化し、家庭生活等に起因する学力格差が議論される今日、すべての子どもたちが自文化としての音楽を身につけ、多様な文化や価値観と出会う窓を開くためにも、学校における音楽活動の意味、学校の音楽の授業で子どもたちがつける力について再考することが求められている。

　ここでは、まず、音楽科と学力の現在を確認する。続いて、学力についてこれまで議論された多様な意見を検討した上で、授業論の視点と音楽文化の視点の双方から、「学校で育む」これからの「音楽の学力」を考える。

第1節　学力の現在と音楽科

1. 教科の学力の枠組み

　我が国では、子どもたちが全国どこでも一定の水準の教育を受けられるように、各学校が編成する教育課程の基準として文部科学省が学習指導要領を定めている。そして、学習指導要領に示された教科等に応じた教科書が検定を経て発行され、国・公・私立の義務教育諸学校に在学しているすべての子どもたちに国の負担によって無償で渡される。音楽科についても、子どもたちはみんな自分の教科書をもち、一定の水準にある授業を受ける権利を有している。

　それでは、その授業を通して、学校では子どもたちにどのような学力を育んでいけばよいのだろうか。

　2006年の教育基本法改正をふまえて2007年には学校教育法が改正され、学力の重要な3つの要素が以下のように規定された。「生涯にわたり学習する基盤が培われるよう、<u>基礎的な知識及び技能</u>を習得させるとともに、<u>これらを活用して課題を解決するために必要な思考力、判断力、表現力その他の能力</u>をはぐくみ、<u>主体的な学習に取り組む態度</u>を養うことに、特に意を用いなければならない」（第30条第2項：下線は筆者）。

　この規定は、「生きる力」の育成という基本理念に基づき、「生きる力」の知の側面とされた「確かな学力」の検討から導きだされたものである。基礎的な知識・技能の「習得」と、それを「活用」しながら自ら学び自ら考える「探究」を行うという学習活動が重視されるとともに、学習状況を評価する観点も、学校教育法に示された学力の3つの要素をふまえて改訂され、「関心・意欲・態度」「思考・判断・表現」「技能」「知識・理解」の4観点で教科特性に応じた教科別の観点及びその趣旨等が提示された。

2. 音楽科における学力と評価の関係

　こうした学習状況の評価の観点は、知識理解に偏るのではなく、個に応じた指導や、自己教育力、関心・意欲・態度を重視する方向での「新しい学力観」が提唱された1990年前後から導入されたものである。観点別評価に続いて、2001年には目標準拠評価が導入された。自ら学ぶ意欲や思考力、判断力、表現力が位置づけられ、指導と評価の一体化が進められてきたことは、学力の捉え方にも一つの転換を迫るものだった。

　表1は、小学校の音楽科における学力について、現在の評価の観点に即して整理したものである。

　この表からもわかるように、「思考・判断・表現」という評価の観点を通して、「技能」とは観点を異にする「音楽表現を工夫している」「思いや意図をもっている」といった側面に音楽科でも光が当てられることになった。「音楽づくり」や〔共通事項〕の内容は、この「音楽表現の創意工夫」の観点と密接な関係をもつものであると言えよう。

　しかしながら、授業でつけたい学力を構造的に捉えて評価し、指導の改善に結びつけていくという営みは、実際には決して簡単なことではない。

　第一に、その煩雑さゆえに、ともすると評価に授業が縛られ、本来、子

表1　小学校音楽科　評価の観点及びその趣旨

学校教育法で示された学力の要素	主体的に学習に取り組む態度を養う	知識・技能を活用して課題を解決するために必要な思考力・判断力・表現力その他の能力を育む	基礎的な知識及び技能を習得させる	
評価の観点	関心・意欲・態度	思考・判断・表現	技能	知識・理解
音楽科の観点	音楽への関心・意欲・態度	音楽表現の創意工夫	音楽表現の技能	鑑賞の能力
趣旨	音楽に親しみ、音や音楽に対する関心をもち、音楽表現や鑑賞の学習に自ら取り組もうとする。	音楽を形づくっている要素を聴き取り、それらの働きが生み出すよさや面白さなどを感じ取りながら音楽表現を工夫し、どのように表すかについて思いや意図をもっている。	音楽表現をするための基礎的な技能を身に付け、歌ったり、楽器を演奏したり、音楽をつくったりしている。	音楽を形づくっている要素を聴き取り、それらの働きが生み出すよさや面白さなどを感じ取りながら、楽曲の特徴や演奏のよさなどを考え、味わって聴いている。

どもたちにつけるべき学力が見落とされてしまうことがある。学習指導要領から引き出した「内容のまとまりごとの評価規準」、「具体の評価規準」を複数の観点にわたって設定し、授業展開のどの場面で評価をするのか、どのような方法で１人ひとりを見取るのか、見取った子どもの状況がどのようであればＡ「十分満足できる」と判断するのか、Ｃ「努力を要する」状況に至ることのないよう配慮するにはどうするか、それでもＣとなった場合にどのような手立てを行うのか、１人ひとりのつまずきを想定しながら指導と評価の計画を作成するためには、機会の設定数を限ったとしても、かなりの時間と労力が必要となる。授業を構想するにあたって教師が当然考えるべきことであるにもかかわらず、作成作業が形骸化し、その結果が授業に生かしきれない事態も生じてしまう。

　第二に、目標に準拠するために、評価の妥当性、信頼性や、説明責任（アカウンタビリティ）が優先され、学力を見えるものだけに限定してしまったり、アセスメントシートや言語による記述、技能テスト等の評価方法に依存し、そこには表れない学力の育成が阻害されてしまったりすることもある。

　第三に、思考力・判断力・表現力という枠組みが、音楽文化の本質とは相いれない場合も存在する。たとえば、「音楽表現の創意工夫」の観点の趣旨には「要素を聴き取る」、「思いや意図をもっている」ことが掲げられているが、もしも、〔共通事項〕に示された要素を用いて思考・判断・表現をする活動が音楽科における「活用」であると狭く捉えてしまうと、多様な音楽文化の真の理解につながらない場合もある。教科を貫いて限られた価値観に基づいた評価の観点を設定することによって、人間の文化としての音楽の多様な価値や、他教科とのつながりが見えにくくなってしまう危険もあると考えられる。

3. これからの時代に問われる資質・能力

　ここまで、評価をとおして学力の現在と音楽科について概観してきたが、

2014年3月にとりまとめられた「育成すべき資質・能力を踏まえた教育目標・内容と評価の在り方に関する検討会」の論点整理でも、「全体として各教科等においてそれぞれ教えるべき内容に関する記述を中心としたものになっている」「このことが、各教科等で縦割りになりがちな状況の改善を妨げる」という現行学習指導要領の問題点が挙げられた。その上で、「何を知っているか」という評価から、「知っていることを活用して何ができるか」を評価するあり方へ発展させていくことが必要である、という指摘がなされている。

　そこでは、断片的な知識や技能ではなく、人間の全体的な能力を定義して人間としてのあり方や生き方を追求する視点が重視されており、OECDのキー・コンピテンシー、国際バカロレアの取組み、アメリカを中心とした21世紀型スキル等の諸外国での取り組みや、国立教育政策研究所が提案した21世紀型能力に示された資質・能力の捉え方が参照されている。

　2014年11月には、この論点整理を受け、中央教育審議会総会で文部科学大臣によって「初等中等教育における教育課程の基準等の在り方について」の諮問が行われた。諮問では、基礎的な知識・技能を習得するとともに、実社会や実生活のなかでそれらを活用しながら、自ら課題を発見し、その解決に向けて主体的・協働的に探究し、学びの成果等を表現し、更に実践にいかしていけるようにすることが重要ではないか、という課題意識にもとづき、「これからの時代を自立した人間として多様な他者と協働しながら創造的に生きていくために必要な資質・能力」が問われている。

　音楽科において子どもたちに学力を育んでいくためには、当然こうした今日的な動きを注視すると同時に、授業づくり、教材づくり、子どもたちへの働きかけ等を通した具体化・実践化が図られなければならない。第2節においては、そのために、これまでの議論を概観し、音楽科の授業と学力のあり方について整理してみたい。

第2節 学力を捉える視座

1. 学力に関する論点と音楽科

　学力のモデルを戦後初めて提案したとされる広岡亮蔵（1908～1995）の有名な発言に「高い科学的な学力を、しかも生きた発展的な学力を」という言葉がある。戦後の経験主義において概念や文化遺産、論理体系が結果的に弱まってしまったことへの反省と、「習得した知識（技術）が内的には主体化されて身についたものとなり、外的には応用力ないし適用力を帯びたものとなっていること」という背景のもとに語られたこの言葉は、ゆとり教育が問題にされたときの学力論争と驚くほどの共通点を見出すことができる、と言う［山内・原 2010：5-8］。広岡は、教材構造で高い学力の保障をめざし、各教科の学力を態度の層と知識理解や技能の層としてモデルのなかで表した［広岡 1964：24］。

　広岡が学力構造のなかに態度を積極的に位置づけたのに対して、勝田守一（1908～1969）は、「成果が計測可能なように組織された教育内容を学習して到達した能力」という学力の規定を提起した。勝田の場合には、教育内容の科学的、系統的構成を促すと同時に、教育内容そのものが計測可能な成果を生み出すように組織されることを重視している。教育内容と学力を不可分にとらえようとする勝田らの学力論に依拠して、音楽科における基礎学力を「授業の中で獲得される音楽的感覚の習熟とその認識化と能力の体系」と定義した竹内と八木は、教育内容の組織化とは直接かかわらない態度や思考力などの能力を学力の概念から除外する。そこには、関心・意欲・態度を重視することと、それを成績評価として点数化することとは本質的に異質である、という考え方がある［竹内・八木 2004：232-233］。

　計測可能性によって学力を規定するのではなく、計測不可能であっても「見える学力」「見えにくい学力」をともに学力と考える論もある。すでに触れた「新しい学力観」では、水面に出た部分を知識・理解・技能といっ

た「見える学力」、水面下にある部分を「思考力・判断力・表現力」、「関心・意欲・態度」といった「見えにくい学力」とする。

　音楽科では、たとえば、水面に出た「見える学力」の部分に「表現の技能」や「鑑賞の能力」を、水面下の「見えにくい学力」の部分に、感受や表現の工夫、さらに、その基層として関心・意欲・態度を位置づけ、「知覚・感受」したものをもとに、「工夫」したり、「思いや意図をもったり」することが大切であるとされる。「見えにくい学力」である「知覚・感受」を学力の中核に置き、「自己の内的な世界を音を使って外に出すという表現の過程」を「思考・判断・表現」と捉える小島は、「知覚・感受を土台に思考・判断・表現するという内容を持つ音楽的思考を学力として設定」している［小島監修 2009：8-9］。そこでは、「見えにくい」ので学力に加えない、と考えるのではなく、「見えにくい」ものを「見えるようにする」工夫として、生徒の音楽的思考過程をパフォーマンス課題やポートフォリオ等で捉えようとする。［横山・小島 2012：60］。

　行為や作品として表れるパフォーマンスは、それを生み出す見えない潜在的な能力と同一ではない。したがって、「見えにくい学力」は、ある文脈や状況のもとで一つの「見える」パフォーマンスとして表出され得るけれども、パフォーマンスという一つの切り口から、本来は「見えにくい学力」の一面を見ようとしているということになる。

　さらに、ここまでの論では、学力はachievement、すなわち、「学んだ成果」である到達度を表すものとして捉えられてきたが、それに対して、「学ぶ力」や「学び」の営みに接近させて文化的実践に学力を位置づけた主張として佐伯胖（さえきゆたか）（1939～）の学力観が挙げられる。

　佐伯の論を参照して音楽と結びつけると、「(イ)(音楽)文化的価値の再創造、(ロ)(音楽)文化的価値の創造と発見、(ハ)(音楽)文化的価値の理解と賞賛となる。(イ)と(ロ)は表現（歌唱・器楽・創作）、(ハ)は鑑賞という音楽学習活動につながり、音楽文化を視野に入れた音楽科の学力概念として浮上する」と島崎は言う［島崎 2007：35-36］。そして、学校教育の中で音楽科が固有に担わなければならない、評価対象となる学力として「表す力」と「聴

く力」を位置づけるとともに、この二つの学力を支える（学習内容および他者と）「かかわる力」をあわせた三つが「学んだ成果」としての学力となり、方向目標としての「自ら学ぶ力」（関心・意欲を含む）を強めていくとする［島崎 2007：39-40］。

2. 何のために学力を論じるのか

　計測可能か不可能か、あるいは、見えやすいか見えにくいかにかかわらず、学校の音楽科の授業で子どもたちに身につけてほしい資質や能力は多岐にわたって存在している。「成果が計測可能なように組織された教育内容を学習して到達した能力」という学力の規定を行った勝田の場合にも、教育方法と結びついた教育内容への問い直しをするために学力の規定を行ったが、学力を計測可能なものに限っているわけではない。なんのために学力を定義しなければならないのかによって、何を学力とするかは大きく変わってくるのである。

　学力を論じることは言うまでもなくすぐれた授業をつくりだす実践的な営みに結びつかなければならない。吉本均（1924～1996）は、授業には、子どもたちの可能性を社会的諸要求に応じて発達させるためにいかなる文化＝教材内容が習得されなければならないか、という客観的アスペクトと、人間人格の全面を調和的に発達させるという主観的アスペクトがある、と述べ、両者は不可分に結びついているため、文化＝教材内容の特性を生かした形で、子どもたちの自己活動に媒介される授業過程の重要性を主張している［吉本 2006：192-193］。また、「平均点でとらえられるような数量化されたものが学力なのではない（中略）学力は、あくまでひとりひとりの個人の個性的な営みである」として、学力を、1人ひとりの個性的な内的条件や学びの履歴を媒介した個性的、過程的構造を備えたものであること、共同の学びのなかでの相互作用的構造をもつものであると述べている［吉本 2006：181-184］。

　音楽科においても同様に、音楽から教育内容を抽出したり、到達度を明

確化して目標、内容を引き出したりして学力の定義をすることそれ自体が重要なのではなく、子どもたち1人ひとりの学びに寄り添いながら、協同での学びを介して、音楽科固有の知識・技能の習得過程と人格形成の過程における学力を捉えていくことが必要であろう。

「見えにくい学力」として音楽的思考を評価する場合には、パフォーマンスという切り口を通して評価をする工夫がされていた。しかし、すでに述べたように、パフォーマンスと潜在的な能力は必ずしも同一ではない。たとえば、学校では声を発しない場面緘黙症の児童が、学校で習った歌を次々に自宅で生き生きと歌っているという家族の報告を受けて驚いた、という報告［森保 2014：13］がなされている。このことは、パフォーマンスによって示されなくても、学校でつけたかった学力が習得されていることをその子どもは教えてくれる。1人ひとりの個性的、過程的構造を備えた学力の捉えをするためにも、人間の全体的な能力、人間としてのあり方や生き方を追求する視点で、音楽科だからこそ子どもたちにつけることのできる力とその授業のあり方が今問われている。第3節では、これまでの流れをふまえて、これからの音楽科で育む音楽の学力についてまとめていく。

第3節　学校で育むこれからの音楽の学力

1. 基礎・基本を音楽の特質と関係づけて捉える

子どもたちの学力には、個性的、過程的構造、相互作用的な構造があると同時に、教科固有の習得すべき力があり、基礎・基本を確実に身につけることはこれまでも重視されてきた。音楽科の場合、「基礎」という活動領域が設定された年もあるが、独立した領域を設定することが音楽の文脈から切り離された基礎や知識の習得となりがちであるとの批判も生じた。その一方で、近年では、基礎的な読譜力の習得が不十分である実態が問題視され、音楽科の学力低下が論じられてきた［小川 2009］。また、2010年以

降の評価の観点では、「音楽を形づくっている要素を聴き取り、それらの働きが生み出すよさや面白さなどを感じ取」る、いわば「知覚・感受」を重視した思考・判断・表現の能力を育てる上で、新設された〔共通事項〕をどう扱うかが論じられてきた。

　〔共通事項〕も五線譜も、音楽科における基礎的な内容であるが、他方で、様式上制約のある概念やツールでもあることに留意する必要がある。つまり、「諸外国の音楽も我が国や郷土の伝統音楽も同じ『音楽』として、音楽を形づくっている要素に目を向けてみることで、『音楽』の幅が大きく広がっていく」［加藤 2011：103］が、そのためには、「こうした音楽がもつ音楽的な仕組みをふまえて、鑑賞と表現の両輪のもとで、音楽そのものを音楽的に体験すること」［加藤 2011：103］が重要である。「音楽そのものを音楽的に体験する」という学習過程が見落とされたとき、それは基礎として機能しなくなるのである。〔共通事項〕も五線譜も、その習得が自己目的化するのではなく、音楽の文脈のなかで、その音楽の特質と関係づけて捉えることが求められる。「基礎・基本」の機械的反復や教え込みではなく、授業における音楽活動のなかで定着、習熟する工夫が必要である。感じたり表現したりする活動や場の設定を通して、基礎・基本と音楽の特質が結びついていく、ということができる。

2. 音楽科における「活用」を捉えなおす

　2005年夏、平和学習として、R. M. シェーファー作曲《挽歌 *Threnody*》を演奏するために来日したカナダの生徒たちは、広島平和記念資料館の見学を通して精神的に大きな衝撃を受け、演奏会当日、その表現を大きく変化させていった。彼らは、そのパフォーマンスにおいて自らの変化を示し、そこでつけた力は、「音楽表現の技能」を「習得」し、「音楽表現の工夫」という「活用」を行った、と評価することも可能であろう。しかし、彼らの変化は、音楽科のなかだけにとどまるものではない。「音楽表現の工夫」に囲い込むのではなく、音楽科での学習を通して、人間的成長へとつ

ながる資質を身につけていったことが捉えられる枠組みが必要である。

　さきにふれた、「育成すべき資質・能力を踏まえた教育目標・内容と評価の在り方に関する検討会」の論点整理では、芸術の分野で育まれる資質・能力についても、「そこで培われるものの見方や考え方等には他分野にも転移可能な汎用的なものもあると考えられる」としている。言い換えれば、音楽科の学力を教科のなかだけで捉えるのではなく、子どもたちがともに人間的な成長をする上で教科を超えて育てていきたい資質・能力を見通すことが提案されている。

　また、教育目標と内容についても、ア）教科等を横断する汎用的なスキル等に関わるもの（問題解決、論理的思考、コミュニケーション、意欲のような汎用的スキルとメタ認知）、イ）教科等の本質にかかわるもの（教科等ならではの見方・考え方など）、ウ）教科等に固有の知識や個別スキルに関するもの、という３つの視点でとらえなおす重要性が述べられている。音楽の場合にも、既存の音楽文化から引き出される知識や技能を習得することにとどまらず、音楽文化の本質を捉えた思考や感性、表現力、音楽的なコミュニケーション力を育むことを土台として、自文化を形成し、多様な音楽文化に向き合い、やがては、音楽を超えて人間存在や社会と音楽文化とのかかわりのなかに自ら能動的に分け入っていける子どもたちを育てるような学習のあり方を開発していくことが求められよう。

　音楽科は教科カリキュラムに位置づき、音楽固有の学力を育てることが基礎・基本となる。しかし、人格形成を担う学校教育においては、教科を超えてつけたい力も明らかに存在する。閉じた教科カリキュラムに留まるのではなく、子どもの全人教育という視点から音楽科のかかわりを問い直し、「活用」の捉え方を見直す必要がある。内的に主体化されて身についたものが、外的に応用力ないし適用力となって、生きて働く力や生活力となることが重要である。

おわりに

　以上、音楽文化の視点と授業論の視点の双方から、「学校で育む」これからの「音楽の学力」について考察した。繰り返しになるが、音楽科の学力を論じる上で求められるのは、まずは、音楽文化の本来もつ特質をふまえ、音楽の特質から学力を照射することである。しかし、音楽のなかに留まるのではなく、教科を超え、子どもたちがともに人間として成長した姿と結び付けながら、音楽科の学習を通してつけることのできる資質・能力を見据えていくことが必要である。

　すでに、横断的・総合的な学習で取り組まれてきた事例や、音楽文化をより広い視野から捉えてきた事例から、音楽科固有の内容をふまえ、全人的な学びへとつながる学力の手がかりを得ることができる［加藤1997、山口・加藤・川口2004］。また、ユネスコのソウル・アジェンダ等を参照しながら、ESD（持続発展教育）とのかかわりから中学校音楽科鑑賞領域の指導内容によって持続可能な社会づくりに貢献できる力を考察した事例も参考にすることができるだろう［宮下・大熊2013］。さらに言えば、音楽にはコミュニケーション過程としての性格や協同的、集団的な性格など、技能や知識の習得を超えて人間形成に結びつく多様な側面、人間が生き抜いていくための支えとなる側面がある。そうした音楽文化や表現のありようを本質的に捉えて学力として位置づけていくことも、これからの音楽科教育では考えていくべき課題である。

　音楽科の学力とは、すべての子どもたちに教育機会を保障し、その人格形成に寄与できるよう、社会とつながっていけるように、授業を通して、また、学校生活全体を通して育んでいく音楽の力である。音楽科を中心にしながらも、広く柔軟に検討していくことがこれから求められよう。

引用・参考文献

石井英真「学力論議の現在——ポスト近代社会における学力の論じ方」松下佳代編著『〈新しい能力〉は教育を変えるか——学力・リテラシー・コンピテンシー』ミネルヴァ書房、2010年、pp. 141〜178

小川容子（研究代表者）「音楽科における教育内容の縮減と学力低下の様相——諸外国との比較を踏まえた調査研究」平成18年度〜20年度科学研究費補助金（基盤研究(B)）研究成果報告書、2009年

加藤富美子「諸外国の音楽の魅力を音楽授業に生かすために——表現活動を通した授業づくり」『季刊 音楽鑑賞教育』vol. 4、2011年1月、pp. 102〜103

加藤富美子『横断的・総合的学習にチャレンジ』音楽之友社、1997年

小島律子監修『小学校音楽科の学習指導——生成の原理による授業デザイン』廣済堂あかつき、2009年

島崎篤子「音楽教育における学力」『文教大学教育学部紀要』第41集、2007年、pp. 31〜41

竹内俊一、八木正一「学力」日本音楽教育学会編『日本音楽教育事典』2004年、pp. 232〜234

東京大学学校教育高度化センター編『基礎学力を問う——21世紀日本の教育への展望』東京大学出版会、2009年

広岡亮蔵「学力、基礎学力とはなにか——高い学力、生きた学力」『現代教育科学』1964年2月臨時増刊号、pp. 5〜32

宮下俊也・大熊信彦「ESD（持続発展教育）としての音楽科教育——中学校鑑賞領域の場合」『奈良教育大学紀要』第62巻第1号（人文・社会）、2013年、pp. 207〜218

森保尚美「音楽科教育で人間性を培う」『季刊 音楽鑑賞教育』Vol. 17、2014年4月、pp. 12〜17

山内乾史、原清治編著『学力論の変遷（論集日本の学力問題 上巻）』日本図書センター、2010年

山内乾史、原清治編著『学力研究の最前線（論集日本の学力問題 下巻）』日本図書センター、2010年

山口修、加藤富美子、川口明子監修『アジアの音楽と文化』ビクターエンタテインメント、2004年

横山真理、小島律子「パフォーマンス課題における音楽的思考過程の質的評価」『大阪教育大学紀要 第Ⅴ部門』第61巻第1号、2012年、pp. 59～72

吉本均（阿部好策、小野擴男編・解説）『集団思考と学力形成』（学級の教育力を活かす吉本均著作選集2）明治図書出版、2006年

育成すべき資質・能力を踏まえた教育目標・内容と評価の在り方に関する検討会「論点整理――主なポイント」（平成26年3月31日取りまとめ）
　▶http://www.mext.go.jp/component/b_menu/shingi/toushin/__icsFiles/afieldfile/2014/06/03/1346335_01_1.pdf

中央教育審議会「初等中等教育における教育課程の基準等の在り方について（諮問）」2014年11月20日付
　▶http://www.mext.go.jp/b_menu/shingi/chukyo/chukyo0/toushin/1353440.htm

（URLはいずれも2015年1月31日アクセス）

第3章

音楽科と学校行事
―― 学校と音楽科をつなぐ ――

はじめに

　学校の教育活動は、授業だけで成り立ってはいない。私たちが学校生活を思い出すとき、授業場面より多く、鮮明な記憶としてよみがえるのは、さまざまな学校行事のひとこまだろう。

　学校行事は、小学校においては学級活動・児童会活動・クラブ活動とともに、中学校においては学級活動・生徒会活動とともに、「特別活動」領域を構成している。この特別活動の目標は、「望ましい集団活動を通して、心身の調和のとれた発達と個性の伸長を図り、集団や社会の一員としてよりよい生活や人間関係を築こうとする自主的、実践的な態度を育てるとともに、人間としての生き方についての自覚を深め、自己を生かす能力を養う」ことである（平成20年告示小学校・中学校学習指導要領）。

　「望ましい集団活動を通して」行うことを、その特質及び方法原理とする特別活動は、児童生徒にとって教科学習とは別様の、大切な学びと成長の場である。とりわけ学校行事は、児童生徒にとってだけでなく、保護者

や地域と学校をつなぐ点からも重視される。

　学校行事が教育課程の一部に定められている国は多くない。日本では、初代文部大臣であった森有礼（もりありのり）(1847〜1889) が学校行事を教育政策に取り込み、修学旅行の起源と言われる「長途遠足」や運動会を普及させたことに端を発して、明治期半ばごろからは学年、全校といった単位で取り組む行事を重んじる学校文化が育まれてきた。それは、学校生活に秩序と変化を与え、集団活動を通して児童生徒の感情や道徳性に働きかける役割が行事に期待されたからであろう。また、運動会や学芸会、展覧会などは地域の人たちに楽しみと啓蒙の機会を提供する行事として支持されてきた。時を経るにしたがって学校行事の種類は増え、その中で唱歌・音楽は重要な位置を占めてきたのである。

　本章では、学校生活における児童生徒の音楽的な育ちをトータルに考え、音楽科と学校行事とを有機的に関連付ける視点を提示したい。

第1節　行事の多様性と音楽の重要性

1. 学校行事の種類とねらい

　現在、各学校が作成する年間行事計画を見ると、実に多様な活動が数多く展開されている。それら行事の目標は、学習指導要領において「学校行事を通して、望ましい人間関係を形成し、集団への所属感や連帯感を深め、公共の精神を養い、協力してよりよい学校生活を築こうとする自主的、実践的な態度を育てる」と規定されている。さらに、『学習指導要領解説　特別活動編』には、5種類の行事の内容がそれぞれのねらいとともに示されている。具体的にどのような活動を行うかは学校が裁量することになっているが、種類ごとに活動例を加えてまとめたのが、表1である。

表1　学校行事の内容とねらい及び活動例

学校行事の内容とねらい		行事の例
儀式的行事	学校生活に有意義な変化や折り目を付け、厳粛で清新な気分を味わい、新しい生活の展開への動機付けとなるような活動を行うこと。	入学式、始業式、終業式、開校記念日における儀式、卒業式、着任式、朝会、2分の1成人式など
文化的行事	平素の学習活動の成果を発表し、その向上の意欲を一層高めたり、文化や芸術に親しんだりするような活動を行うこと。	学習発表会、文化祭、音楽会、合唱コンクール、展覧会、音楽・演劇等の鑑賞会、講演会、外国人との交流会など
健康安全・体育的行事	心身の健全な発達や健康の保持増進などについての〔関心を高め〕（理解を深め）、安全な行動や規律ある集団行動の体得、運動に親しむ態度の育成、責任感や連帯感の涵養、体力の向上などに資するような活動を行うこと。	運動会、身体測定、健康診断、スポーツテスト、避難訓練、交通安全教室、防犯指導など
〔遠足〕（旅行）・集団宿泊的行事	〔自然の中での集団宿泊活動などの〕平素と異なる生活環境にあって、見聞を広め、自然や文化などに親しむとともに、〔人間関係や〕集団生活の在り方や公衆道徳などについての望ましい体験を積むことができるような活動を行うこと。	遠足、修学旅行、移動教室、集団宿泊、野外活動など
勤労生産・奉仕的行事	勤労の尊さや〔生産の喜びを体得するとともに〕（創造することの喜びを体得し、職場体験などの職業や進路にかかわる啓発的な体験が得られるようにするとともに、共に助け合って生きることの喜びを体得し）、ボランティア活動などの社会奉仕の精神を養う体験が得られるような活動を行うこと。	除草作業、校内美化活動、ボランティア活動、高齢者や障がい者との交流会、上級学校や職場の訪問、職場体験など

※「学校行事の内容とねらい」は、『小学校学習指導要領解説 特別活動編』『中学校学習指導要領解説 特別活動編』よりまとめた。
※〔　〕内は小学校のみの文言、（　）内は中学校のみの文言、それ以外は小・中学校共通

出所：［文部科学省編 2008(a)(b)］をもとに作成

2.　行事における音楽の重要性

　音楽会や合唱コンクールはもちろんのこと、入学式や卒業式をはじめとする学校儀式、全校朝会、運動会、遠足、外国人や高齢者との交流会などにおいて、歌唱や器楽を主とする音楽活動は重要な役割を果たしており、音楽は文化的行事だけでなく、**表1**にある5種類すべての行事と深くかかわっていることがわかる。

それは、音楽が人間関係の形成や深化を助け、集団への所属感や連帯感を強める側面を有しているからであろう。規模の大きい絵画・造形の共同制作や演劇も、それぞれの役割が力を合わせて作り上げる集団活動である。しかし、「いま」「ここ」に集う私と仲間たちが共同的・同時的に発する声や音が溶け合い、その声や音に満たされた空気がこの場、この時、私たちの身体を包み込む体験は、音楽によってのみ得られる。こうした音楽の共同創造は、人間にとって豊かな感情経験をもたらしてくれる。音楽科の授業で行われる合唱や合奏の活動も同様ではあるが、学校行事での音楽は時間をかけて練習に取り組んだり、他者に向けて発表したりする特別な機会として、より印象深い感情経験となることも多い。

　さらに、音楽鑑賞教室などで生の演奏を間近で聴いたり、地域の伝統芸能を体験したり、音楽を通して外国の文化に触れるといった行事は、家庭ではなかなか得ることのできない学習機会である。こうした行事を学校がアレンジすることは、社会全体の音楽文化を豊かにする素地を提供することにつながり、また、音楽を通して地域の方々や演奏家など外部の人々と学校がつながる機会を広げてくれる。

　さまざまな学校行事は教室以外の場で行われることも多く、授業とは異なる非日常性を帯びた時間として設定される。その中で、音楽は行事を彩り意義深いものとする、行事に欠かせない存在である。一方で、学校行事という設定が、そこでの音楽活動を児童生徒にとって特別な経験とする。

　合唱コンクールや卒業式は、生徒指導上も学校教育になくてはならない行事となっている。多くの教師には、行事をめざして学級全体で音楽活動に取り組むことで児童生徒が主体的に役割を自覚し、互いに高め合い、認め合うようになって子どもが変わった、クラスがまとまったという経験があるだろう。

　加えて、授業時数の少ない音楽科にとって、学校行事にいかに音楽活動を取り入れるかが、教科指導を進めていく上でも大きな意味をもっているのである。

第2節　学校行事における音楽活動の問題点

1．行事による影響

　だが、この貴重な学校行事にも、以下のような影響や問題点が見られる。どの学校でも、校長室に入ってまず目に付くのが月間予定表の大きな黒板である。何も行事の入っていない日はほとんどない。また、全校挙げての大きな行事であれば、黒板には特に記入されていなくても、相当期間にわたり毎日時間をかけて練習や準備がなされる。行事のために時間割が変更されることも多く、時期によっては行事の合間に授業をするような状況になることもある。特に時数の少ない音楽科の授業は影響を受けやすく、そうでなくとも限られた回数の授業内容が行事に向けての練習にあてられることも珍しくない。音楽科を担当していると年間を通して行事に振り回され、まるでイベント屋のようだと感じる教員もいるのが現状である。

　授業時間が圧迫されるだけでなく、教師は行事のために仕事が増えて多忙となる。運動会や修学旅行などの準備期間には、非日常的な時間特有の気持ちの高揚から児童生徒が落ち着かない状態になったり、児童生徒間のトラブルが起きることもあり、指導に気をつかうことも多い。

　行事は対外的な発表の場であることも多く、見栄えや成果が求められる。また、鑑賞したり話を聞いたりする態度、行事に参加する際の姿勢も問われる。行事における児童生徒の様子は、学校の取り組みや教員の指導力の表れとして、学校の内外から評価の目が向けられるのである。多くの行事に共通するのが、集団行動の統制がとれているか、児童生徒に意欲が感じられ、態度が場にふさわしいものとなっているかといった点での評価である。卒業式の行進や運動会の組体操などで、一挙手一投足をそろえ、機敏に行動するよう、表情や目線の方向まで指導が徹底されるのは、そのような評価に応えるためでもある。行事には、出来栄えを求めるあまりの成果主義や努力主義が入り込みやすい面がある。

さまざまな経験が得られる行事に楽しさを感じる児童生徒も多い一方で、活動になじめず、苦手と感じる子どももいる。だが、クラスや学年、全校といった集団での活動は全員参加が原則であり、児童生徒によっては負担を強いられることになる。行事が貴重な学習機会であることは間違いないが、こうした影響を無視することはできないだろう。

2．音楽活動の問題点

　では、行事における音楽活動には、どのような問題が生じる可能性があるだろうか。

　行事に音楽が取り入れられる場合、公開での発表の形を取ることが多い。そのため、児童生徒の心情や実態と合致しない内容や難度の高い曲が選ばれたり、演奏を仕上げることにばかり指導の注意が向きがちになったりする。その一方で、音楽よりも集団統制や態度面に重心が偏った指導場面に出会うこともある。これでは、児童生徒の意欲を高めることはできないだろう。

　行事は児童生徒の承認の欲求や自己肯定感を満たす機会にもなり得るが、コンクールや運動会の応援など優劣が決する行事では、勝敗やできたかどうかに過度にこだわる児童生徒もいる。学校行事は普段見られない子どもの姿が見られ、時間をかけて日常の授業とは異なる内容に取り組む中で成長が期待できる重要な機会であるものの、集団になじめない子ども、音楽の苦手な児童生徒にとっては緊張や不快を感じる場面でもある。パターン化、ルーティン化した行事や練習場面では、児童生徒が意味を感じられず、退屈して怠惰な態度が目立つことにもなる。

　準備や指導が不適切と思われる行事もある。音楽鑑賞教室での演奏経験から言えば、事前の動機づけや予備学習がなされていない学校は珍しくなかった。また、演奏開始前に聴く態度についての注意がなされることもあり、かえって児童生徒の音楽に向かう気持ちをそいでしまっていた。こういう状況では、せっかくの機会が生かしきれず、その後の発展学習にもつ

ながっていかないと思われる。

　また、最近フィールドワークに訪れた小学校では、次のような光景が見られた。6年生の教室では、毎朝行われる学級活動でCDに合わせて歌うことが慣例となっていたが、このとき児童たちは歌集を手に立ち上がるものの、ほとんど声を出さず下を向き、後奏が終わらないうちに投げやりな様子で座った。彼らの全身から拒否の姿勢が溢れている感じがした。しかし、この児童たちが専科教員担当の音楽の時間にはしっかり声を出して歌うのである。この違いはどこから生じるのだろうか。

第3節　音楽科と学校行事の有機的関連を求めて

1．内容・教材の視点から

　こうした問題点の考察を通してこそ、留意点や改善の方策が見えてくる。その際、これらをひとつひとつの問題としてとらえるのではなく、一度原点に立ち返って全体的に考えてみる必要があるだろう。そして、音楽科と学校行事の有機的関連を重視して考えたい。まず、内容・教材の視点から2点に絞って述べる。

　第一に、行事の音楽と音楽授業の両方を見通すことが不可欠である。つまり、行事の音楽も音楽科の教科内容・目標から乖離させることなく、関連性を意識しながら計画し、指導する必要がある。行事においては、音楽の授業ではなかなか採り上げられない、時間をかけて深めることのできる曲に取り組んだり、一期一会の特別な経験を通して教科の内容を補充したり発展させたりすることも可能である。児童生徒の音楽的な育ちをトータルに考えるならば、授業時数が少ない分、行事を積極的に活用して音楽活動充実の機会を確保するよう心がけたい。それを教師の指導計画レベルだけではなく、この行事における音楽活動と授業で取り組んできた学習内容とがどう関連するのか、共通の目標とそれぞれの目標は何かを、児童生徒

が理解できるように示すことが大切であろう。

　第二に、意欲的に行事に取り組める教材、深まりを期待できる教材の選択が重要である。教材は児童生徒の心情や音楽的水準に合致していなくてはならないが、行事の音楽はともすれば流行を追ったり、伝統だからと毎回まったく変化がなかったり、雰囲気や歌詞に頼った選曲、指導が行われる傾向がある。教材研究が大切とは言い古された言葉だが、行事でも授業と同様に、教師が音楽に対するアンテナを鋭敏にして徹底した教材研究を行うことが必要である。教科書からも離れて、ある程度自由に内容・教材を選ぶことのできる行事の機会だからこそ、児童生徒の心に残る行事の音楽だからこそ、音楽的側面からの吟味をおろそかにはできない。

　教材研究の重要性は、児童生徒の希望で選曲する場合や毎年同じ曲であっても変わらない。活動の自主性は保障しなくてはならないが、練習の都度新鮮に深めていけるような、主体的な活動をサポートできるような指導のポイントを見つけておくことで活動を深めることができ、教師の力量を高めることにもつながっていく。

2．人間関係の視点から

　学校行事は、「望ましい人間関係」を目指して行われる活動である。それは当然、児童生徒間の人間関係に留まるものではない。ここでは、教師にとっての人間関係の留意点を2点提示したい。

　行事では教師間の協力、関係者との連携が不可欠である。とりわけ、外部からゲストを招く場合に内容や指導を一任してしまうのではなく、事前の打ち合わせを綿密に行うことで一度の機会が何倍にも生きてくる。ゲストを依頼するのは、教師の技術や知識では及ばない部分を補ってもらうためだが、だからといってお任せにするような教師の消極的姿勢を児童生徒は敏感に察知する。打ち合わせ段階を含めて教師自身が積極的に学びとろうとしなければ、それぞれの行事を指導計画全体の中に適切に位置づけることもできない。音楽との出会いを児童生徒とともに楽しみ、しかしその

場限りの体験に終わらせることなく、事後の発展的な指導に生かしたい。行事の後もゲストや協力者との関係を保てば、疑問が生じたときなど折に触れて示唆を得ることも可能だろう。
　また、行事が有意義なものとなるかどうかは、教師間の協力によって左右される。学校行事は、教師にとっても望ましい人間関係、集団づくりを要求する活動なのである。
　行事においても授業においても、教師と児童生徒との良好な関係が学習の質を支えることは言うまでもない。その関係を考えるとき、「音楽を介して関わりを結ぶ」という視点を忘れてはならない。前述の点とも重なるが、児童生徒に「させる」のではなくて、教師も音楽活動する一人のメンバーとしてその場に加わる姿勢が彼らを変える力をもつ。フィールドワーク先の６年生が朝の学級活動を行う間、担任教師は教室左前方の机で事務的な作業を行っており、児童に目を向けることも、児童と一緒に歌うこともなかった。同じ児童たちが音楽の時間に積極的に歌うのは、専科教員がしっかりと子どもと目線を合わせて働きかけ、ともに音楽活動を楽しんでいたからである。
　ここに示したのは、行事と音楽科授業とを問わない、あるいは他教科にも通じる指導の基本ばかりである。もとより、即座に役立つ新たな秘策、万能の方法など、どこにも存在するものではないだろう。毎年繰り返される行事であっても、その都度教師の留意点を確認しながら進めることが、行事をイベントや思い出づくりに終わらせないための唯一の方途なのかもしれない。

おわりに

　行事は長年の慣行になっていることが多く、型通りに進めたり盛り上げたりすることに主眼が置かれて、「なぜ」を問うことが忘れられてしまう。本当にこの行事が必要なのか、この行事によって何を求めるのか、どういう内容であれば、どのように指導すれば意義を最大限に引き出せるのか。

逆に、意図せず引き起こされ、見過ごされてきた問題はないのか。そんな「なぜ」を、児童生徒も保護者も地域の方も、ともに考えられるような学校にしていきたいものである。

　小学校の時、卒業式で一人ずつ呼ばれてステージに上がり、卒業証書を授与されたことを覚えている。88人いた同級生の同じ行動が繰り返される間、音楽の先生がBGMとしてピアノ曲を弾いてくださっていた。当時は曲名も知らなかったが、その音は今でも鮮明に記憶している。行事での音楽経験は、その場面の情景やさまざまな記憶と結びついて心に残り、大人になり時を経て心を揺さぶる存在となるかもしれない。その芽を大切に育てること、それが音楽科を担当する教師にとっての学校行事ではないだろうか。

参考文献

　有本真紀『卒業式の歴史学』講談社、2013年

　佐藤秀夫編『学校行事を見直す』(日本の教育課題 第5巻) 東京法令出版、2002年

　樽木靖夫『学校行事の学校心理学』ナカニシヤ出版、2013年

　山本信良『学校行事の成立と展開に関する研究』紫稲社、1999年

　文部科学省編『小学校学習指導要領解説 特別活動編』東洋館出版社、2008年(a)

　文部科学省編『中学校学習指導要領解説 特別活動編』ぎょうせい、2008年(b)

第4章

日本における音楽科カリキュラムの歴史
―― 音楽科の役割の歩み ――

はじめに

　本章では音楽科カリキュラムの歴史的な展開を見ることで、音楽科教育に期待されてきた役割について考察してみよう。そのため、ここではカリキュラムを、学校教育や教科の目標とそれに基づいて組織された教育内容と捉えておきたい。なお、近年の研究では、カリキュラムを教育の実践と評価や、子どもたちの学習経験の総体を含んで理解されている。

　カリキュラム編成主体である教育行政、学校、教師は、それぞれ教育課程の基準である学習指導要領、学校で編成する教育課程、年間指導計画や指導案などによってカリキュラムを具現化している。こうして編成・実施されるカリキュラムには、編成主体がもっている教育理念や、編成主体がおかれた社会的な状況が反映される。したがって、音楽科カリキュラムの歴史的展開を見ることで、カリキュラムの編成主体が音楽科教育に託した役割と、その実現のための方法を知ることができるのである。

第1節　近代唱歌教育の成立

1. 前近代の教育機関における音楽教育

　日本に導入された近代学校教育制度に音楽が位置づけられたのは、1872（明治5）年の「学制」においてであった。小学校の科目として「唱歌」、中学校の科目として「奏楽」が置かれたが、そこには当分の間欠くことが付記され、実際の授業では実施できない状況であった。しかし、学制以前の組織的な教育を行う機関には、教育内容に音楽を取り入れたものも存在した。

　身分制度を採っていた江戸社会では、その身分に応じた組織的な教育機関が存在した。支配階級である武士の子弟を対象とした藩校は、18世紀中頃から急増し、幕末にはほぼすべての藩に設置されていた。萩藩の藩校、明倫館では、孔子とその弟子を祭る「釈菜（せきさい）」で雅楽の「管絃」の演奏を行うために、笛・笙・篳篥の三管を中心とした演奏技能の習得が行われていた。また、こうした実際的な目的の他に「移風易俗の道、音楽より外これ無く候」と、風俗や習慣を改めることができるという音楽の教化的な性格への注目があった［八木1976］。ここには古代中国における「礼楽思想」の影響がみられる。

　一方、庶民を対象とした寺子屋（手習塾（てならいじゅく））は、19世紀に入るとその数を急速に増やし、江戸時代後期には都市ばかりでなく、農村においても普及していたと考えられる。寺子屋は読むこと、書くこと、計算することを主な教育内容としたが、これらに次いで「謡（うたい）」が重視され、多くの寺子屋で学習されていた。寺子屋で謡が教育されていたのは、祝い事や仏事などで、祝言や弔慰の歌謡をうたう習慣があったためである。例えば、婚礼において仲人は、祝言の謡である《高砂（たかさご）》をうたう必要があり、これをうたえないことは仲人としての資格がないことを意味した。このように一人前の社会人として認められるには、謡を習得することが不可欠であった。

寺子屋において謡の教材として多く用いられたのは、能の特定の部分から謡を抜粋した小謡（こうたい）を集めてつくられた楽譜集「小謡集」であった。江戸期を通して、500種類ほどの小謡集が刊行されたが、その中でも寺子屋で用いることを想定した「童子」「寺子」などを冠したものが、少なくとも50種類以上刊行された（図1）。

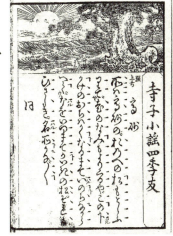

図1　『寺子小謡四季友』
出典：［日本音楽教育学会編 2004：595］

2. 唱歌集の編纂と唱歌科の意義

既に述べたように、唱歌科は学制によって日本の近代学校教育制度に位置づけられた。しかし、実際の学校現場での音楽教育の実践は、いくつかの試みがみられたものの、全国的に実施されるには至っていなかった。例えば、1877（明治10）年に東京女子師範学校附属幼稚園で開始された、英米のフレーベル主義幼稚園教育書に収められていた歌詞を基に、雅楽の楽人たちによって作曲された「保育唱歌」を用いた実践や、1878（明治11）年から京都女学校において、地歌の旋律に新たな歌詞を付した唱歌を用いた実践などが行われていた。

こうした状況の中、1875（明治8）年より渡米していた、留学生の監督官であった目賀田種太郎（めがたたねたろう）（1853〜1926）と師範学科取調員の伊沢修二（いさわしゅうじ）（1851〜1917）によって、1878年に学校唱歌をおこすために必要な音楽取調事業を

行うべきだという上申書を、文部大輔の田中不二麿(たなかふじまろ)（1845〜1909）に提出した。これを契機として、1879（明治12）年には音楽取調掛（後の東京音楽学校、現在の東京藝術大学音楽学部の前身）が設置され、御用掛に伊沢が任命された。音楽取調掛の主な事業は「音楽取調二付見込書」に示されたように、①和洋折衷により新曲をつくること、②将来国楽をおこすべき人材を養成すること、③学校で音楽を実施することの三項目であった。また、学校において唱歌教育を実施するのに必要な諸条件の整備として、唱歌集作成のための楽譜と歌詞の選定、唱歌教育普及のための教員養成などに取り組んだ。その結果、1881（明治14）年に我が国最初の音楽教科書というべき『小学唱歌集』初編が刊行され、1883（明治16）年と1884（明治17）年に第二編と第三編が相次いで刊行された。これらの唱歌集は音楽取調掛の御雇教師として来日していたボストンの音楽教師 L. W. メーソン（Luther Whiting Mason 1818〜1896）の協力によって編纂されたもので、メーソン著の *National Music Charts* などを参考に編纂された。新作された唱歌は東京師範学校附属小学校、東京女子師範学校附属幼稚園ならびに小学校などで試験的に教授され、適否を判断した上で採択された。

　『小学唱歌集』初編の緒言には、「小学ニ在リテハ最モ宜ク徳性ヲ涵養スルヲ以テ要トスヘシ今夫レ音楽ノ物タル性情ニ本ツキ人心ヲ正シ風化ヲ助クルノ妙用アリ」と述べられているように、唱歌教育の意義を道徳性の育成に求めた。この背景には教育政策の基本方針が、学制以来の西洋近代的な啓蒙主義から復古的な儒教主義へと転換されたことがあった。1880（明治13）年に改正された「教育令」（改正教育令）に基づいて翌年に制定された「小学校教則綱領」には、「児童ノ胸隔ヲ開暢シテ其健康ヲ補益」するという健康的な意義とともに、「心情ヲ感動シテ其美徳ヲ涵養センコトヲ要ス」と徳育的な目的が示された。これによって唱歌は徳育のための科目として、学校のカリキュラムに位置づけられたのである。

3. ペスタロッチ主義唱歌教授論の影響

唱歌教育黎明期の教育内容と教授法には、ペスタロッチ主義唱歌教授論の影響がみられる。東京師範学校附属小学校では、髙嶺秀夫(1854〜1910)を中心に、アメリカから持ち帰ったペスタロッチ主義の教授理論に基づいた研究と実践が行われた。その過程で形成された「開発主義教授法」は、明治10年代に広く影響を与えた。

この教授法では、J. H. ペスタロッチ(Johann Heinrich Pestalozzi 1746〜1827)が提唱した「直観から概念へ」という認識過程に即して、感覚を通じて得られる知覚を基礎におき、次第に抽象的な概念に至るように教授の順序が工夫された。唱歌教授では、聴覚による音の知覚が音楽の基礎的な能力であると理解され、音の直観を出発点として唱法(ソルミゼーション)と記譜法の習得へと至る教授過程が生み出された[河口1996]。具体的な指導は、教師の口授によって歌曲が教えられるだけでなく、音の高低や長短を数や図に示しながら、教師と生徒の問答によって展開された(図2)。

長短音ノ初歩
師云　余試ニ二音ヲ唱(ウタ)ハントス汝等之ヲ審聴シテ其二音ニ差アリヤ如何ヲ演ヘヨ
　　〔此時教師ハ左ノ如ク唱フ〕

師問　此二音同一ナリヤ
生答　否々
師問　其差異ハ何如
生答　一ハ長ク一ハ短シ
師問　然リ、其二音中何レヲ長シトスルヤ
生答　第一音ナリ
師問　然リ、今マ生徒中ニ此長音ヲ唱ヒ得ル者アリヤ
　　〔数名之ヲ唱ハンコトヲ望ム〕
師云　某ハ長音ヲ唱フヘシ

図2　問答法による唱歌の教授
出典:[メーソン1884:24-25]をもとに作成

第2節　唱歌教育の普及と定着

1. 近代教育制度の確立と唱歌科の位置づけ

　1885（明治18）年に内閣制度が成立し、初代文部大臣に森有礼（1847〜1889）が就任すると、国家主義的な教育体制が次第に確立していった。森は、翌年に「帝国大学令」「師範学校令」「小学校令」「中学校令」を制定し、学校制度を大きく改革した。小学校は尋常と高等の二等に分かれ、それぞれ4年の8年制になった。唱歌は尋常小学校では加えてもよい科目、高等小学校では欠くこともできる科目であった。こうした小学校令における唱歌の加設・随意科目としての位置づけは、1890（明治23）年、1900（明治33）年の改正まで続き、1907（明治40）年の小学校令改正によって必修科目となった。なお、全国民共通の4年制課程として尋常小学校が義務教育になったのは、1900年の第三次小学校令である。1890年には50％に満たなかった就学率は、1905（明治38）年には95％を超え、こうした名実ともに近代学校教育が確立した時を同じくして、唱歌科も学校カリキュラムに確固たる地位を得たのである。

2. 祝日大祭日儀式規程と唱歌

　1890年に「教育ニ関スル勅語」（教育勅語）が発布されると、教育制度は天皇制国家主義の色合いを強めていった。翌年には「小学校祝日大祭日儀式規程」が制定され、紀元節、天長節などの祝日や孝明天皇祭などの大祭日には学校長、教員及び生徒が集まり、儀式を行うことが規定された。儀式では、天皇・皇后の「御真影」に対する最敬礼、万歳奉祝、校長による教育勅語の奉読と訓話による忠君愛国の士気の涵養とともに、「祝日大祭日ニ相応スル唱歌ヲ合唱」することになっていた。

　儀式で合唱する唱歌の選定は、1891（明治24）年の文部省訓令第2号に

おいて文部大臣の認可を必要とすることと定められた。この訓令の説明では、「尊皇愛国ノ志気ヲ振起スルニ足ルヘキ」歌詞と楽譜を採択する必要が述べられた。1893（明治26）年には「祝日大祭日歌詞並楽譜」が文部省より告示され、祝日大祭日に歌う《君が代》《勅語奉答》《一月一日》《元始祭》《紀元節》《神嘗祭》《天長節》《新嘗祭》の８曲が示された。このように天皇制国家を支える１つの手段としての役割が、唱歌に期待されたのであった。一方で、「祝日大祭日儀式規程」は、少なからず全国的な規模での唱歌教育の普及に寄与したと言える。

3. 文部省唱歌の誕生

1890年に改正された「小学校令」（第二次小学校令）を受けて、翌年に制定された「小学校教則大綱」では、教育目的と教育内容がより具体的に示され、それに基づき校長もしくは主席教員が「教授細目」を編成することが定められた。唱歌科の目的は、「唱歌ハ耳及発声器ヲ練習シテ容易キ歌曲ヲ唱フコトヲ得シメ兼ネテ音楽ノ美ヲ弁知セシメ徳性ヲ涵養スルヲ以テ要旨トス」と、音楽の美をわきまえ知ること、そして徳性を養うこととされた。教師は、これら所与の教育内容と教授細目に則して「教案」を作成し、それに基づき実践を行った。これにより教師は国家が定めた教育内容の伝達者としての役割を担うようになり、この役割は日本の教師像を長い間規定することとなった［稲垣1995］。

教育内容の所与性は、1903（明治36）年の「小学校令」の一部改正により成立した「国定教科書制度」によってさらに強まった。しかし唱歌科の教科書は国定とならず、文部省が著作権を有するものか文部大臣が検定をしたものを使用することになった。1910（明治43）年には、国語科の教科書『尋常小学読本』の韻文に作曲した歌曲が収録された『尋常小学読本唱歌』、翌年から1914（大正３）年にかけて各学年用の分冊が発行された『尋常小学唱歌』が文部省編纂の唱歌科教科書として刊行された。これらの教科書が誕生した背景には、文部省による教科書の国定化政策の一環と

して、文部省編纂の教科書が求められた点と、当時多くの教育現場で用いられていた『小学唱歌集』の歌詞が高尚すぎることや、曲と歌詞が一致していないことなどに対して様々な批判が上がっていた点があった。

　『尋常小学唱歌』に収録された歌曲には、西洋の音階に基づく「ヨナ抜き音階」やそれに類する音階が多く、4拍子や2拍子がほとんどである。リズムは、等拍が連続するものや、「ピョンコ節」（付点8分音符と16分音符の組合せの繰り返し）が用いられている曲が多い。歌詞の内容は、花鳥風月をうたったものが最も多く、ついで教訓的な内容、武勇や戦争美化など忠君愛国に関連する内容が続いている。ここからわかるように『尋常小学唱歌』には、国家主義的な教育行政の意図が反映されていた。一方で、この教科書には《富士山》《春の小川》《紅葉》《故郷》《朧月夜》など、現在も歌唱共通教材として教科書に掲載されている曲が多く収録されており、誕生した文部省唱歌は後の唱歌教育に大きな影響を与えた。

4．唱歌科授業の定型化

　明治20年代から40年代にかけて唱歌教育は全国的に普及・定着していくことになる。その過程で大きな役割を果たしたのが、ヘルバルト主義教授理論である。ヘルバルト主義の「形式的段階」を中心に、実践的な指導方法を研究した東京高等師範学校附属小学校は「唱歌教授細目」を作成し、雑誌などを通じて公にした。この細目は全国の唱歌教育実践のモデルとされた。

　同小学校で「唱歌教授細目」作成の中心を担ったのが、唱歌専科教師の田村虎蔵（1873〜1943）であった。田村が作成した教授細目では、当時の多くの教授法書もそうであったように、本来五段階であった「形式的段階」を「予備→教授→練習」の三段階に簡略化して採用していた。「予備」では呼吸法、発音練習、音階練習などの基礎練習を行い、「教授」では歌詞の解釈や楽典事項の教授を経て教師の口授か楽譜によって提示された歌曲を歌い、「練習」では既習の歌曲を反復練習するという授業の展開が示されていた。ヘルバルト主義の段階教授法は、本来、J. F. ヘルバ

ト（Johann Friedrich Herbart 1776〜1841）の連合心理学に基づく学習の心的過程に沿った教授段階であったが、その原理的な理解は希薄であり、基礎練習と反復練習を中心とした技能主義的な唱歌科授業が定着していった。

『尋常小学唱歌』の歌詞選択には、ヘルバルト主義教授理論の「中心統合」と「文化史段階説」の影響が見られる［杉田2005］。「中心統合」の影響は、他教科や学校生活と密接に関連のある歌詞内容に見ることができる。一方で、「文化史段階説」の影響は、低学年には「桃太郎」などの日本の昔話、中学年には「豊臣秀吉」などの歴史的な題材、高学年では「広瀬中佐」など当時の人物や事件を歌詞内容とした曲の配列に見ることができる。

第3節　音楽科カリキュラムの成立と改革

1. 芸術教育としての唱歌教育

天皇制国家主義教育政策の基に行われた国家による教育内容の統制の強化や、子どもの実態を無視した教材に対する批判、ヘルバルト主義の段階教授法に基づく画一主義、注入主義、暗記主義的な教育方法への批判などを契機として、第一次世界大戦後の日本における経済成長とそれに伴う自由主義思想の台頭を背景に、「大正新教育運動」や「芸術教育運動」が展開された。このような新しい教育を求める動きは、唱歌科では専科教師たちによる唱歌教育の目的論と、それに基づく独自のカリキュラム開発へ結実していった。

大正から昭和初期にかけて唱歌教育の目的論を展開した唱歌専科教師たちに共通していたのは、教育法令によって徳性を養うための科目として捉えられてきた唱歌科を、音楽の美を体得するための芸術教育として位置づける試みであった。東京高等師範学校附属小学校の唱歌専科訓導であった青柳善吾（1884〜1957）は、唱歌教育の目的を、音楽によって美意識を養い、音楽美に対してのみならず自然や人生のあらゆる方面に対して美的判

断を行えるようになることだと説いた。そしてこの判断力を身につけた者は、結果的に道徳的な場面でも正しい判断が行えるようになるのであり、音楽が道徳性を育むとしてもそれは間接的にであると考えていた。

　このように当時の先駆的な唱歌専科教師たちは、音楽の美を感得することによる人格形成を唱歌教育の直接の目的とし、徳性の涵養はその目的が達成されたことによる副次的な効用であると主張したのであった。芸術教育としての唱歌教育を標榜した教師には、師範学校附属学校や私立学校の訓導だけでなく、「音楽的美的直観の体験」という目的論を展開した神戸市東須磨尋常小学校の北村久雄（きたむらひさお）(1888～1945) など公立小学校の教師もいた［塚原2014］。

2．総合的な音楽教育カリキュラムの萌芽

　芸術教育としての唱歌教育を求める動きは、鑑賞、器楽、創作などを含む総合的な音楽教育のカリキュラム開発を促していった。

　青柳は、東京高等師範学校附属小学校に着任する以前の1915（大正4）年に『尋常小学唱歌科教授細目』において、鑑賞教育を唱歌科カリキュラムに位置づけた。彼は音楽を理解し享受するためには、「受容する方面」と「発表する方面」が必要だとして、鑑賞と歌唱の両方を重視した。そのため彼は歌唱教材を深く味わわせるために、関連のある鑑賞教材を聴かせるという指導方法を採り、レコードによる鑑賞の意義は認めつつも、教師が歌曲を歌って聴かせることを重視した［三村2005］。

　大正新教育の代表的な実践校である成城小学校（1917〔大正6〕年設立）では、「唱歌」ではなく「音楽」を学校のカリキュラムに位置づけた。「創設趣意書」に示された成城小学校が目指す教育には、「個性尊重の教育」「自然と親しむ教育」「科学的研究を基とする教育」と並んで「心情の教育——附、鑑賞の教育」が上げられていたように、歌うだけでなく名曲を聴かせることが重視されていた。また鑑賞のみならず、作曲やリトミックなども教育内容として採用されていた。

　こうした鑑賞・器楽・創作などを含んだ総合的な音楽教育カリキュラム

の開発は、大正末期から一部の公立小学校でも試みられていた。例えば、北村久雄の「音楽生活の指導」(1931〔昭和6〕年〜)、東京市麻布区三河台尋常小学校の唱歌専科訓導の坊田壽眞(ほうたかずま)(1902〜1942)によって玩具などの簡易楽器を用いて行われた器楽指導の実践(1932〔昭和7〕年〜)などである。また、大阪府堺市の視学であった佐藤吉五郎(さとうきちごろう)(1902〜1991)が、1937(昭和12)年から市内の小学校と幼稚園で試行した和音感訓練など、音感訓練を実施した例もあった。

3. 芸能科音楽の誕生

唱歌専科訓導による音楽カリキュラム開発の成果は、部分的にではあるが教育法令にも取り込まれた。1941(昭和16)年に公布された「国民学校令」によって小学校が国民学校になった。唱歌科は「芸能科音楽」になり、音楽鑑賞と器楽が加えられた。しかし、芸能科音楽は「歌曲ヲ正シク歌唱シ音楽ヲ鑑賞スルノ能力ヲ養ヒ国民的情操ヲ醇化スルモノトス」とされ、日本的精神の形成や愛国心の高揚に資することが求められ、軍国主義的な国策を体現する役割を担うようになった。それを典型的に表しているのが国防教育の一環として、鋭敏な聴覚を養うために行われた音感訓練の実践であった。音楽教育界でも賛否がわかれていた音感教育であったが、軍部に注目され、強制的に実践されたのである。文部省は、全国各地で音感訓練の講習会を開催し、国策のための音楽教育実践を徹底して求めた。このように芸能科音楽は、軍国主義的な方針に利用されたという限界を有していたが、一方で、大正新教育の実践を部分的に引き継ぎつつ戦後の音楽科成立の基盤をつくったのである。

4. 学習指導要領と音楽科カリキュラム編成

第二次世界大戦の終結(1945〔昭和20〕年)により日本の軍国主義的、超国家主義的方針は、民主主義へと転換し、教育の方針も国家のための教

育から個人の権利としての教育を目指すこととなった。学校教育の具体的な目標と内容は『学習指導要領』として示されが、1947（昭和22）年の第一次試案および1951（昭和26）年の第二次試案は、法的な拘束力をもつものでなく、児童と社会の要求に則して教師が自主的に教育課程を研究・編成していくための手引きとしての性格を有していた。そのため、全国各地で自主的な研究活動によるカリキュラム改造運動を促すことになった。

「音楽科」として新たにスタートを切った学校の音楽教育は、戦前の国民的情操を養うための教科から、芸術教育・情操教育を担う教科として位置づけられた。1947年の『学習指導要領音楽編（試案）』には、音楽の知識・技能の習得を中心とする音楽美の理解・感得が目標として示されていた。教育内容はヨーロッパの音楽の音組織を基礎とし、芸術音楽の系統的な学習が児童の発達段階に沿って体系的に示されていた。そして情操教育的な側面は、音楽活動との本質的な繋がりを持って示された。つまり、音楽活動によって必然的に生じる音楽を追求するための自発的・自立的な協力を通して、情操を培うことが意図されていたのであった［菅 2005］。

しかし、1951年の第二次試案では、獲得する知識・技能の質を問うよりも音楽経験に重点が置かれ、「円満な人格の発達」と「好ましい社会人としての教養」の育成に目標が拡大された。これは教科を超えたカリキュラム構成のあり方を反映したものであった。しかし、知識・技能と心情形成を対立的に捉えて後者を重視し、音楽学習が単なる経験にとどまることで音楽科教育としての教育内容・目標は問われず、芸術教育として成立しにくいという性格をもっていた。教科内容が欠落したまま態度形成と社会適応を進めていくことは、個人の価値判断よりも社会や国家の規範が優先される危険性を孕んでいたのである［菅 2005］。

こうした音楽科の目標の質的な転換にもかかわらず、教科の統合を目指したコア・カリキュラム開発でも、ほとんどの場合、安定した音楽活動を成立させるために音楽の基礎的な知識・技能の必要性が認識され、独立した教科カリキュラムにおいて、楽曲を単位とした音楽的な指導内容のまとまりに基づいた授業が展開された［菅 1998］。

おわりに

　音楽科カリキュラムの歩みを概観してきが、音楽科の目標と内容が時代的・社会的な背景に規定されながら展開されてきたことが明らかであろう。現代社会の受験学力を中心とした学力観・学校観からすれば、その役割を見出しづらい音楽科教育も、歴史的にみると国家を中心としたカリキュラム編成主体が音楽のもつ特質と役割を捉え、学校教育に位置づけてきたのである。しかし、音楽活動との本質的な関連をもたない功利的な観点から音楽科の目的を考えることは、音楽活動や音楽的な教育内容の質を不問にするという危険性があることも、歴史によって明らかである。

　大正新教育期に徳性の涵養という功利的な目的観の批判に立脚し、音楽活動の本質を音楽美の経験だと捉え、その目的実現ために音楽の構成要素の学習や鑑賞を取り入れたカリキュラムを開発した主体が、日々子どもと接し子どもの成長を願う教師たちであったという事実は、現代への示唆を与えてくれるだろう。「生きる力」の育成に音楽科が寄与するために、子どもの実態に即した教師主体のカリキュラム編成が求められる現代の音楽科教育おいて、大正新教育期に活躍した唱歌科の教師が、学校教育における音楽の役割を問い直し、自主的にカリキュラム開発を行っていたことに注目し、その成果に学ぶことも必要なのではないだろうか。

参考文献

青柳善吾『音楽教育の諸問題』廣文堂書店、1923年

石川松太郎『藩校と寺子屋』教育社、1978年

稲垣忠彦『明治教授理論史研究』(増補版) 評論社、1995年

河口道朗監修『音楽教育史論叢』全3巻、開成出版、2005年

河口道朗『近代音楽教育論成立史研究』音楽之友社、1996年

菅道子「戦後改革期の音楽科の教材構成——教育委員会・小学校作成のカリキュラムの分析を中心に」『カリキュラム研究』第7号、1998年、pp. 105～122

菅道子「情操教育としての音楽教育——『学習指導要領』音楽編（試案）」河口道朗監修『音楽教育史論叢』第Ⅲ巻上、2005年、pp. 72～95

権藤敦子「昭和初期の東京市三河台尋常小学校における音楽教育の実践——坊田壽眞の読譜指導と器楽指導を中心に」『音楽教育史研究』第8号、2005年、pp. 13～15

杉田政夫『学校音楽教育とヘルバルト主義——明治期における唱歌教材の構成理念に見る影響を中心に』風間書房、2005年

鈴木治「明治中期から大正期の日本における唱歌教育方法確立過程について」神戸大学博士論文、2005年

千成俊夫、早川正昭編『音楽教育学』福村出版、1990年

田中耕治ほか『新しい時代の教育方法』有斐閣、2012年

田甫桂三編著『近代日本音楽教育史Ⅰ』学文社、1980年

田甫桂三編著『近代日本音楽教育史Ⅱ』学文社、1981年

塚原健太「北村久雄の『音楽的美的直観』概念——音楽教師としての音楽と『生命』の理解」『音楽教育研究ジャーナル』第42号、pp. 1～12

ドーア，R. P.(松居弘道訳)『江戸時代の教育』岩波書店、1970年

日本音楽教育学会編『日本音楽教育事典』音楽之友社、2004年

三村真弓「青柳善吾の音楽鑑賞教育観」『エリザベト音楽大学研究紀要』第25巻、2005年、pp. 27～36

三好信浩編『日本教育史』福村出版、1993年

メーソン，ルーゼル・ホワイチング (内田彌一訳)『音樂指南』文部省、1884年

八木正一「史料に見る音楽稽古——萩・明倫館における音楽稽古の成立」上『季刊音楽教育研究』第8号、1976年、pp. 144～153

八木正一「史料に見る音楽稽古——萩・明倫館における音楽稽古の成立」下『季刊音楽教育研究』第9号、1976年、pp. 102～110

音楽科教育の基礎理論

第 5 章

音楽科授業と子ども
―― 子どもの音楽を読み取る ――

はじめに

　隣接する諸科学の発達によって、私たち教師は多くの有益な情報を手にすることができるようになった。ブロードマンが作製した脳地図は色分けされた静止画だったが、目の前の生徒の脳神経活動を動画としてとらえることが可能になった。音楽の諸要素のふるまいが感情の起伏や情動の推移と深く関わっていること、生徒同士の協働作業がより深い理解力を促進すること、音楽の階層性と言語や思考の階層性との間に類似性があることも確かめられている。その一方で、拠り所となるデータをもう一度冷静に科学的に見つめ直す必要が出てきた。

　私たちの脳は、実は、とても都合良くできている。私たちは見たいものだけを見て、自分の考えを裏付ける情報だけを集めて、間違いだらけの記憶に頼って、正しく（!?）判断する。もちろん状況によっては、先入観にとらわれずにじっくり考えたり、自分の考えに反する証拠を集めながら困難な決断を下したり、数理的な予測のもとに難問を解決できることもある

が、あまり過信しない方が良いらしい。同様なことは、データと客観的に向き合っている時にも起きる。

　鍵盤ハーモニカの苦手なKクンとMサンのことを考えて、授業とテストを組み合わせた実験計画を練ったとしよう。プレテストの結果を踏まえて、器楽指導の充実を目標とした指導案をいろいろと工夫する。ある日の授業ではMサンの発言がきっかけとなって、クラス全員でフレージングと音色について議論することができた。休憩時間も、Kクンは一生懸命グループの皆と練習をしている。Mサンは読譜に自信がついてきたようだ。ポストテストの結果はどうだろうか。器楽指導の成果が出ているだろうか。相関係数、平均値、標準偏差値、F値のどれかが何かを物語っているはずだと夢中になって数字と格闘している間に、目の前のKクンやMサンは「被験者1」になり、いつの間にか母集団のどこかに埋もれてしまう。5％水準で有意差が「認められた」のだから、KクンやMサンは多分、上達したのだろう。2人の上達の仕方は少し違うような気がするが、こんなものかなあ。どこか釈然としない思いを抱えながらも、SPSSの数字を見ながら無理矢理納得してしまう。

　この「一見客観的」な状態は、実験室実験や現場実験、疑似実験などのいわゆる量としてデータを扱う実験研究の場合に限らず、フィールドワークや事例研究、観察調査研究などの質データを扱う分野にも潜んでいる。時系列でデータの推移を追いかけている時に急激な変動や想定外の展開がおこると、思わず、肝心のデータよりも背後の原因に意識が向いてしまう。1人ひとりの微妙な違いを観ているのに、大量にデータが集まると、複雑性や多様性という言葉に還元して安心してしまう。その場の文脈に「ふさわしい」形を、無意識のうちに選択してしまう。せっかくの客観的データたちである。彼らときちんと対峙し正しく対話するために、私たちはどうすればよいのだろうか。

　本章では研究手法やデザインの枠を越え、子どもの音楽活動を科学的なデータとして読み取るため、「意味のあるデータにする」「分厚いデータを目指す」「データと理論を往還する」「理論は深化する」の4点について述べる。

第1節　意味のあるデータにする

1. データに記す

　時系列を主な軸として、目の前で起こっている現象を観察シートや記録ノートに書き起こす方法は、授業観察で頻繁に用いられる方法である。教師の教授行為や子どもたちの発言、行動などすべての事象をできるだけ客観的にとらえてそれぞれの関係性を検討しようとする際に、総体としてのデータは強力な情報源となるからである。子どもたちの音楽活動がいつどのように深まったのか、どの時点で意見の一致・不一致が認められ、なぜ収斂したのかといった過程を追跡する際にも重要なツールとなる。グラウンデッド・セオリー、ナラティブ研究、参与観察、言説分析法、逐語録分析、エスノグラフィカルアプローチなど名称はさまざまだが、質的研究ではこうした記録法が研究者によって採用されている。実験研究と併用されることも多い。詳細に記述された教師⇔子ども、子ども⇔子ども、教師のリヴォイシング⇔子ども⇔子どものやりとりは幾層にも積み重ねられた、まさに情報の山といえるだろう。

　ところが、書き起こしたデータに思ったほど情報が入っていない、あるいは価値のある情報ではないという残念な事態になってしまう場合がある。データが自ら語ってくれることもあるが、データがあるからといって有意義な分析結果が得られるわけではない。何のために記すのかという目的や手法が明確になっていないと、せっかくのデータは雑多なゴミの山と化してしまう。しかし、何をデータとして記すのかという行為は想像以上に困難な作業である。現実は多層情報の連続体であり、観察の経過と共に、目的が徐々に変化し流動するからである。

2. データを洗練させる

次の図1と図2は、大学1年生たちが授業観察を一年間続ける中で、どのように観察目的が絞り込まれていったかを示したものである。図に示したように、授業観察を始める前、彼らが予想したチェック項目は「あくび、

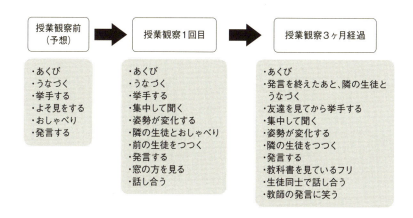

図1　観察項目の変化（授業観察前から3カ月経過まで）

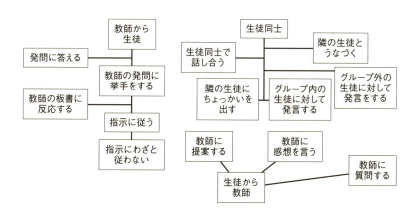

図2　観察項目の変化（授業観察半年経過）

出所（図1・2）：筆者作成

挙手する、よそ見をする」等であるが、観察が始まると「集中して聞く、姿勢が変化する、隣の生徒とおしゃべり、話し合う」のように生徒1人ひとりの挙動に注意が向けられていることがわかる。さらに観察経験が進むと「発言を終えたあと隣の生徒とうなずく、友達を見てから挙手する、教師の発言に笑う」といったように、観察の範囲が点から面へと広がる。半年後にはチェック項目が内容ごとに細分化されると同時に、「教師から生徒」「生徒同士」「生徒から教師」のような上位カテゴリーの設置がみられる。トライアンギュレーションを主とした附属学校園での授業観察と、何をどのように観れば良いのかという観察後の討論を繰り返すことで、このように学生達の意識がどんどん変わっていくのだが、非常に興味深いことに、終着点へのこの道のりは、毎年ほとんど変わらない。言い換えれば、知識として分かっていることが、授業現場を継続して観察することで初めて実感でき、その後、データに記すべきこととそうでないことが明確化してくるといえるだろう。あらかじめ変数を絞り込んだり、仮説を検証したり、分析手順を詳細に計画する実験研究との大きな違いかもしれない。予測した筋道やプロセスを辿らないからこそ、得られたデータと問いの間を何度も往復して、「何を」データに記すべきなのか洗練させていくことが必要となる。

第2節　分厚いデータを目指す

1．異なる視点

　学習者を取り巻いている環境は客観的な現実であるが、学習者1人ひとりが認知した現象であり、同時に教師や観察者（あるいは実験者）がそれと認知した現象である。記述されたデータは、ある視点から切り取られた現実の一側面であり、実際の現実と各現象との間には少なからずギャップがある。記されたコトやモノが極めて明確で洗練されていたとしても、である。

表1　リコーダーテスト時の教師のメモと子どもたちの感想（一部抜粋）

教師							児童	
F#	音間違い	リズム	ブレス	テンポ	フレージング	点数	予想点	感想
○		△	○	○	○	80	90	昨日は、たくさん練習しました
×	1	○	○	○	○	78	60	めちゃ失敗した
○	2	×	○	○	△	65	90	練習の時よりうまくできたと思う
○		○	×	△	△	75	90	すごく頑張った
×	4	○	×	○	×	55	50	できなかった
○		○	○	○	○	90	75	息継ぎが難しかった
○		○	○	○	○	90	85	練習よりよかった
×	5	×	○	×	×	55	60	難しい、シャープがわからない
○		○	○	○	○	90	80	まあまあ、よかった
○	1	△	○	○	○	82	50	リコーダーはにがてです
○	1	○	○	○	○	85	70	旋律が長いと大変でした
○		○	○	○	◎	95	90	ブレスに気をつけた
×	2	○	○	○	△	68	60	できない、たくさん間違えました
○		○	○	○	○	90	85	ちょっと間違えた
○		△	○	△	△	70	90	1つひとつの音に、注意しながらやった
×	3	△	○	○	△	60	65	練習不足です
○		○	○	○	○	90	80	もうちょっとうまくなりたいです
○	1	○	○	○	○	88	80	頑張ったけど間違えた
○		○	○	○	◎	95	90	テンポが早くならないように気をつけました
○	3	○	○	×	△	60	70	だんだん遅くなってしまった

　表1は、小学校でリコーダーのテストを行った時の教師のメモと、テスト後の小学生の感想から一部抜粋したものである。教師は「F♯×」「音間違い1」「リズム×」「ブレス○」「フレージング△」のように、項目別の評価を具体的に記しているのに対し、子どもたちは「めちゃ失敗した」「まあまあ、よかった」「もうちょっとうまくなりたいです」のような漠然とした印象を書いている。教師のメモはテスト前に想定したチェック項目に基づいており、内容を詳細に検討することで、個々の間違いの原因やクラス全体の理解度を推し量ることができる。一方、子どもたちの感想は自身の努力や満足度に偏っており、抽象的で、あまり役に立たないデータの

ように見える。中には、感想と予想点がちぐはぐなケースや、教師の採点との間に大きな点差があるケース（教師の高評価に対し「リコーダーは苦手です」として低い点数を付けている場合や、逆に「練習の時より、うまくできたと思う」として高い点数を予想している等）、平均値や中央値といった指標には馴染まないケースも散見される。しかし、本当に意味のないデータなのだろうか。

2. ギャップを読み取る

　子どもの自己評価は動機付けや自尊感情、有能感との関わりが強い[Bandura 1977, Deci & Ryan 2005]とする研究結果や、小学校の中学年頃から自分の能力を過小評価する傾向が見られる等が指摘されており[Dweck 2001, Butler 2005]、自身を過小あるいは過大評価することに関しては、文脈を含めた複数の要因について包括的に検討しなければならない。だがここでは、予想点や感想といった自己報告型のデータが他のデータを補完する、先のような事例について言及しておきたい。

　子どもたちの失敗の現象はさまざまであり、しかも同じ原因に基づいていないため相対視することは難しい。けれども「できなかった」という自身の感想や低い予想点は、その子なりの尺度に則ったものである。つまり、「F♯」音を間違えた背景が、緊張して息継ぎを忘れた、うっかりして見落としたといったスリップミスの類いなのか、調号や派生音を理解していない、音符やリズムを正しく読めていない等の無理解・誤知識に依るものなのかを教師が判断する際に、有益なデータとなりうる。言い換えれば、子どもたちの自己評価データは、子ども同士の比較や教師の採点との相関には使えないが、子ども1人ひとりが直面している根本的な課題を引き出すことができる重要なデータとなる。教師の採点評価と大きく異なる場合は、ギャップを埋める補完資料にもなるだろう。得られたデータだけでなく、その数値が示す意味を読み取って分厚いデータにすることで、また一歩、現実に近づくことができる。

第3節　データと理論を往還する

1. データから理論へ

　説得できる分厚いデータが得られ、蓄積され、適切に分析され、多面的な検討がなされたとしても、それらのデータがそのまま理論へ直結するとは限らない。分子レベルの研究成果が私たちの意識や心の解明に結びつかないように、たくさんのピースが集まっても理論にかみあわないという場合はいくらでもある。また、多くの要因を統制するような条件のもとで完璧な理論がつくられたとしても、それを日々の現象に般化させることは無理だ、理論と現実は別物だ、という見方もある。しかしだからこそ、複数の前提をもとに俯瞰的に理論を構築する場合も、事実の集積から普遍的な理論を導きだす場合も、データと理論の間で何度もやりとりをしなければならない。

　音楽の各学習場面で必要とされる方略は、漢字や英単語を覚えたりカードの裏側を判断したり数学の公式を理解したりする方法とは、明らかに異なる。合唱では、自分の声だけでなく友達の声をよく聞きながら美しく響き合う音程を探すことが大事である。読譜の際は、1つひとつの音符を読むのではなく、フレーズのまとまりを素早く把握し、次の音の動きを予測しながら先読みすることが有益な方略である。鑑賞では、表層的な旋律やリズムだけでなく楽曲構造に注意を向けることで、作曲者の意図を深く聴き取ることができる。しかし、自分の声をどのように調整したらよいか分からない、どんなに時間がかかっても下から順番に五線を数えないと安心できない、特徴的なリズムや目立つ音色ばかり聞いてしまうという現象は、小学生ばかりでなく大学生にも見られる。

　これらの現象を、教育現場でよく見られる困った問題の1つとして対応するだけでなく、個別の現象を記述したり、どのようなメカニズムなのかを検討したり、事前・事後テストと統制群法を組み合わせて指導の効果を

仮説とする等を通して、理論とデータの「生きた」相互交流が始まる。提案された理論を土台に、教育現場で生じている問題を見直し、理論と現場のずれや齟齬について議論を発展させ、さらに新たなデータで補強することができる。

2. 理論からデータへ

　近年、教育心理学や教育学の領域では学習方略に関する研究が深まっており［Zimmerman & Martinez-Pons 1986, Schunk & Zimmerman 1997］、数学の問題解決なのか説明文の読解なのか、といった課題の種類や難易度によって用いられる方略が全く異なること［吉田 1991, 岡本 1999など］、授業の進め方や仲間との交流によって、自ら学習方略を選択したり改良したりすること［Klingner & Vaughn 1999, Lepper & Malone 1987］、一方で、さまざまな学習方略を知っているにも関わらず、それらを自主的に使わない場面のあることが指摘されている［市川編 1998など］。つまり、学習理論の要である学習方略研究では、データと理論の往還により、用いられる方略構造の多層化や深化に関する探究だけでなく、学習者がなぜ使うのか、使わないのか、いつどのように使い分けているのかという新たな視点を組み込んだ理論へと発展している。

　音楽の場合は美の追究という教科特有の課題とあわせて技能・技術の獲得を目標としており、さらに学校外の音楽経験による個人差という大きな要因を組み込まなければならないため、データと理論の往還はなかなか難しいかもしれない。しかし例えば、子どもが子どもに教える方法は教師が子どもに示す教授方略と異なる［小川・今川 2008］、発声技能の習得に向けた教師の指摘や指導は複数の下位カテゴリーとしてまとめることができる［三橋 2012］、初級者は、熟達者よりも視線移動にかける時間が長い［夏目 2010］、カラオケ使用時とピアノのみの伴奏時とでは、歌唱の際の前頭前野の活動が異なる［齊藤 2011］、長三和音を含む和音進行を聴いている時に脳の特定部位の賦活が認められる［饗庭ほか 2012］といった報告は、更なるデータと付き合わせることで体系化でき、今後、現実の課題に対応できる

理論に育つと思われる。日々の授業実践で直面している数々の課題も、関連する諸科学の成果や仮説を参考にすることで、音楽ならではの斬新な理論構築へと発展させることが可能となる。

第4節　理論は深化する

1. より現実に即した理論

　大量の縦断的・横断的なデータと向き合い理論とデータの間を往還していると、自分たちが提出した理論やこれまで通説とされてきた理論の中に、別の新しい規則が見えてくることがある。1つの理論では説明できなかったことが、複数の理論を関連づけることで筋道が明確になる場合もあれば、斬新な切り口や大胆なアイデアをもとに、思い切って新しい理論を考えることで解決への糸口が見つかる場合もある。

　H. ガードナー（Howard Gardner）達はボストン・プロジェクト・ゼロ・グループのデータを元に、子どもたちが歌うことを通して何をどのように学習するのかを具体的なモデルによって説明した [Davidson & Gardner 1981]。その後、J. ラコウスキー（Joanne Rutkowski）は、話し声と歌声の両方の視点を組み込んだ発達段階説を発表した [Rutkowski 1997]。その一方で、G. F. ウエルチ（Goodrich F. Welch）は子どもの歌唱力について約30年にわたって実験を積み重ね、何度も改訂を重ねながらピッチマッチング能力の発達段階に関するモデルを提出してきた。ウエルチの最近の研究成果の中では、(1)子どもの歌唱は、正しく歌えるか歌えないかという二極論で片付けられない、(2)文化の多様性や文脈の影響を考慮しなければならない、(3)歌唱力と正式な音楽訓練の有無とはそれほど関連がない、(4)ある程度の性差がある、(5)加齢と共に歌唱力は上達する傾向にある、(6)集団での歌唱活動を通して子どもたちの歌唱力は向上するといったことが報告されている [Welch 2006]。特筆すべきことは、これまで幾度となく議論されてきた性差や加齢、

音楽訓練等に関する理論に関して、子ども自身が歌う（歌いたい）文脈や仲間の影響という、より大きな枠組みのもとで考慮すべきである、と示されたことである。日々の教育現場では自明のこととして見なされている現象に、理論が追いついたと言えるかもしれない。

2．動的な理論

　音楽の聴き方についても、右脳か左脳かといった漠然とした理論から、聴覚野のどこの部位でどのような処理が行われているのか、どのような経路で、どのようなネットワークがどのように機能しているのかという理論へ変わってきている。例えば、川村は「①音を聞く／聞こえる、②調べ（旋律）を聴く、③音楽を傾聴する、そして④楽器を奏でる演奏者（合唱者、指揮者、作曲家を含めて）の脳内の響きのヒトの大脳皮質内の活動領域および聴覚刺激の伝播の有様を『誠実に』推量したのがこの絵である」［川村2006：17］として、鳴り響く空気の振動がいかに変形され加工され知覚されているか、大胆な提案をしている。さらに、「視覚における各要素への分解→再構成と同じく、インパルスとして聴覚領皮質に達し（中略）後連合野皮質内で、ニューロン活動に対応して音の質（テンポ、音色、ピッチ、和音、協和音など）が形成され、変革され、消去され、また、再構成されるというように変化すると考えられる。これが鑑賞ないし聴受の際に脳内に起こるプロセスではないだろうか」［川村2006：53］と興味深い理論を展開している。恐らく今後、脳神経科学のますますの発展と、情報工学、認知科学、分子生物学などさまざまな最先端の学究成果が組み込まれることで、この理論の裏付けがなされ、また新しい理論が提出されることだろう。演繹法であれ帰納法であれ、科学的な裏付けのあるデータと共に理論は常に深化し続ける。

おわりに

　音楽を理解するとはどういうことか。音楽が記憶の中に引っかかり、何度も聴きたくなるのはなぜなのか。音楽のどの部分が気持ちを高揚させるのか。音楽らしい断片とそうでない断片があるのはなぜか。音楽的価値とは何か。音楽を取り巻く問いはどれもとても深淵で、立証への道は困難を極める。例えば「私たちがなぜ音楽に感動するのか」という問いに対して、音楽学、音楽教育学、言語学、情報工学、脳神経科学など多領域の研究者たちがこれまで何十年にもわたって、最適複雑性モデル、マルコフ理論、エントロピーの応用、暗意－実現モデル、GTTM解析アプローチなどの興味深い提案を続けている。しかし未だ満足のいく回答は示されていない。子どもたちの音楽活動も同様に、まだまだ分からないことだらけの分野である。

　本章では、子どもの音楽活動を科学的なデータとして読み取るための方策として、「意味のあるデータにする」「分厚いデータを目指す」「データと理論を往還する」「理論は深化する」の４つを取り上げた。毎年、国内外の関連学会では膨大な論文が刊行されており、たくさんの興味深い仮説や推論、論証と出会うことができる。本稿で紹介した文献はその中のほんの一部である。子どもの学びを対象とする実践研究では、データ自体に非常に多くの情報量が含まれているため、結果の信頼性・妥当性・客観性には充分な注意を払う必要がある。データの解釈や考察が適切か、クリティカルかといったことに関しても、何度も冷静に吟味することが重要である。しかしそれと同時に、対象への生産的な問いと、子どもへの熱いまなざしを常に持ち続けたいと思う。子どもは好奇心あふれる学び手であり、彼らの音楽活動を解き明かそうとすることは、人間という複雑な対象との、終わりのない戦いだからである。

引用・参考文献

饗庭絵里子、田中里弥、藤澤隆史、赤塚諭、下斗米貴之、長田典子「和音進行による情動の知覚――fMRIおよび印象評価によるアプローチ」『音楽知覚認知研究』第18巻第1号・第2号合併号、2012年、pp. 3〜21

市川伸一編『認知カウンセリングから見た学習方法の相談と指導』ブレーン出版、1998年

岡本真彦『算数文章題の解決におけるメタ認知の研究』風間書房、1999年

小川容子、今川恭子『音楽する子どもをつかまえたい――実験研究者とフィールドワーカーの対話』ふくろう出版、2008年

川村光毅『脳と精神――生命の響き』慶応義塾大学出版会、2006年

齊藤忠彦「歌唱表現におけるカラオケ使用時の大脳皮質前頭部・側頭部の活動の特徴――無伴奏、カラピアノ使用時と比較して」『音楽教育学』第41巻第1号、2011年、pp. 1〜10

夏目佳子「ピアノ演奏における楽譜と鍵盤間の視線移動について――初級者に対する実験的事例研究」『音楽教育学』第40巻第1号、2010年、pp. 14〜25

ハーグリーブス, D. J.(小林芳郎訳)『音楽の発達心理学』田研出版株式会社、1993年

三橋さゆり「暁星小学校聖歌隊における発声技能の習得過程と教師の指導役割の分析――グラウンデッド・セオリー・アプローチに基づいて」『音楽教育学』第42巻第1号、2012年、pp. 1〜12

吉田甫『子どもは数をどのように理解しているのか』新曜社、1991年

Bandura, A., "Self-efficacy : Toward a Unifying Theory of Behavioral Change," *Psychology Review*, 84, 1977, pp. 191-215.

Butler, R., "Competence Assessment, Competence, and Motivation Between Early Childhood and Middle Childhood," J. A. Elliot & C. S. Dweck (eds.), *Handbook of Competence and Motivation*, New York: Guilford Press, 2005, pp. 202-221.

Davidson, L., P. McKernon, and H. Gardner, "The Acquisition of Song: A Developmental Approach," *Documentary Report of the Ann Arbor Symposium on the Applications of Psychology to the Teaching and Learning of Music*, Reston, Virginia: MENC, 1981.

Deci, E. L. and R. M. Ryan, (eds.), *Handbook of Self-Determination*, Rochester, NY: University of Rochester Press, 2005.

Dweck, C. S., "The Development of Ability Conceptions," A. Wigfield & J. S. Eccles (eds.), *Development of Achievement Motivation*, San Diego, CA: Academic Press, 2001, pp. 57-88.

Klingner, J. K. and S. Vaughn, "Promoting Reading Comprehension, Content Learning, and English Acquisition Through Collaborative Strategic Reading (CSR)," *Reading Teacher*, 747, 1999.

Lepper, M. R. and T. Malone, "Intrinsic Motivation and Instructional Effectiveness in Computer-based Education," R. Snow and M. Farr (eds.), *Aptitude, Learning, and Instruction: III. Conative and Affective Process Analyses*, Hillsdale, NJ: Erlbaum, 1987, pp. 75-105.

Rutkowski, J., "The Nature of Children's Singing Voices: Characteristics and Assessment," B. A. Roberts (ed.), *The Phenomenon of Singing*, St. John's, NF: Memorial University Press, 1997, pp. 201-209.

Schunk, D. H., and B. J. Zimmerman, "Social Origins of Self-Regulatory Competence," *Educational Psychologist*, 32, 1997, pp. 195-208.

Welch, G. F., "Singing and Vocal Development," G. McPherson (ed.), *The Child as Musician: A Handbook of Musical Development*, New York: Oxford University Press, 2006, pp. 311-329.

Zimmerman, B. J., and M. Martinez-Pons, "Development of a Structured Interview for Assessing Student Use of Self-Regulated Learning Strategies," *American Educational Research Journal*, 23, 1986, pp. 614-628.

第6章

音楽科授業と教材

はじめに

　本章では、音楽科における教材研究の重要性はもちろんのこと、そのやり甲斐と面白さを伝えたい。学生時代は、目標と評価計画を整合させ、それに見合った活動を配した指導案作成の方法を学ぶはずである。それと併せて、音楽教育の大局的な目標をいつも心に留めて反芻しよう。仲間と音楽をするのは楽しいと感じさせること、面白い音楽に出会わせること、音楽活動へのモティベーションを高めること。これは教科目標にある「音楽を愛好する心情を育て」に相当し、最も大切なことであるのは読者諸氏も分かっておられるだろう。そのためには、魅力的な響きやリズムに満ちた良質の音楽経験が、授業の中で生まれることが必須である！　その準備は多大な時間とエネルギーを要するもので、筆者が次節以降に「教材化」という言葉で述べるプロセスの一環である。

　本章は、音楽の基礎訓練を受けたことがあり、かつ音楽科の新たな教材開発に意欲的な若手の方々を読者に想定している。もし小中学校の検定教

科書に掲載されている楽譜が読みこなせないとしたら、その場合は本章の内容も難しいと受け止められるだろう。音楽科教育をより良くするための本書であるので、この点はあらかじめお断りしておきたい。

第1節　材料を「教材化」する

1. 「教材化」とは

　音楽授業の教材とは、教科書や合唱・合奏曲集に掲載されている曲のことだと思ってはいないだろうか。

　もちろん、それらは「教材曲」と呼ばれるものであり、それ自体に歴史的・文化的・音楽的な価値が認められ、音楽科の学習のための貴重な素材である。しかしそれを児童・生徒に示しても、「はじめに」に書いたような、魅力的な響きやリズムに満ちた良質の音楽経験が立ち現れるわけではない。彼らの音楽に対するモティベーションが高められるわけではない。児童・生徒には「良質の音楽経験」が必要なのである。どうしたら良質の音楽経験を、授業・教室の中で作り出せるのか。良質の音楽経験は、指導者がそのような素材を「教材化」するワザにかかっていると言える。授業方法・指導方法という概念の中でも特に、「教材曲を土台に、児童生徒に良質の音楽経験をさせる力」を本章では「教材化の力」と呼ぶ。

　様々な素材を授業で教材化できるようになろう。そのための勉強としては、現行（平成20年版）学習指導要領で、指導内容の一環として示された〔共通事項〕をよく理解することが大変役に立つ。本節では「音楽」の〔共通事項〕の中から、「音楽の仕組み」に注目した教材化について述べる。

2. 「反復」を手がかりに

　極めて簡単な例を挙げる。皆さんは《こぶたぬきつねこ》や《アイア

イ》や《森のくまさん》という幼児向けの曲をご存じだろう。この3曲の仕組みに共通に見られるのは、掛け合い・交互唱のアイディアである。これは〔共通事項〕の言葉で言えば「反復」に関係がある。「ある日」という先唱に続いて、同じ音程・リズム・歌詞で「ある日」を歌うこと、すなわち模倣・反復することが、この歌の特徴である。《こぶたぬきつねこ》や《アイアイ》も同様のアイディアを持つ。この単純なアイディアは、やってみると楽しいので誰からも愛されており、間違いなく人間の音楽活動の本質と関わるものである。緊張感と楽しさの交差する経験が立ち上がるのはご存じだろう。

　ところでこの「反復」は、楽譜通りに1回でなければいけないのだろうか。「ある日」という先唱に対して「ある日」「ある日」と2回の模倣・反復を挿入してはいけないだろうか。自分で声や音を出して試してみるとわかるだろう。「ある日」の反復を1回増やしてみると、一瞬「あれ？」と感じるけれども、曲の流れは止めないで歌うことができる。ここに首尾よく参加するのは、子どもたちにとってはスリリングなチャレンジではないだろうか。こんな遊びは児童にとって楽しく、音楽教育的にも良質の音楽経験になる。

3．反復と変化

　また「反復」は、厳密に同じ事を繰り返さなければいけないのだろうか。旋律を繰り返す代わりにシラブルのリズムを打楽器で打ってみるのはどうだろう。

　「ある日」に続いて次のリズムを打つ。

　「森の中」に続いて次のリズムを打つ。

もちろんこれは大いに結構である。歌詞と旋律の正確で厳密な反復とは、少し異なった面白さを経験できる。
　反復という場合、正確で厳密な反復もあり得るが、「何らかの要素が際だって繰り返されている」反復もある。リズム型の反復、音高や音程を変えた旋律型の反復などは、読者の皆さんが、今日も好んで聴いているどんな曲の中にも頻出している。
　教材化の最も基本的な手立ては、反復を上手に使い、反復の役割を児童生徒に分け持たせて参加感を高めることだ、といっても過言ではない。正確で厳密な反復が面白い場合もあるが、違った形の反復・ある要素だけの反復でもかまわない。かまわないどころか、多くの場合に厳密で正確な反復より面白く展開することができる。上述したように、音楽を少し変え、反復の回数を増やすことと組み合わせてもよい。

4．一定の枠組の中での変化

　音楽は、単音の連打のような短いスパンの反復から、西洋音楽で言えばソナタ形式の提示部と再現部のように大規模なスパンの反復もある。ABA形式、二部形式、ソナタ形式の提示部と展開部、ロンド形式など、音楽のほとんどは大なり小なり様々な規模で、反復と変化の組合せをその根本的な原理としている。
　「厳密で正確な反復ではない反復」というのは、反復の原理に則りつつ、そこに変化を加えたものである。〔共通事項〕に示されている「変化」をテーマに音楽的に遊ぶためには、変化だけを追求せずに、反復と組み合わせるのがよい。変化という要素は、回帰してくる要素（反復される要素）や、一定の固定した枠組みを前提にすると初めて生きてくる。例えばオスティナートバスは固定した枠組にあたり、その上に乗った旋律やリズムの変化を支え、何度も回帰する。また、小学校の教科書に掲載されている例で、ある1つの曲の中の2小節分について、「自分で工夫したリズムを入れてみましょう」といった仕掛けがある。これは、4拍子なら4拍子の拍

をしっかりと意識した上で即興リズムを入れ、変化をつける試みである。明確な拍子をもった楽曲、という固定した枠組みが崩れないからこそ、その中で展開される変化が生きることになる。

5. 曲は遊び場

　以上の非常に易しい例で伝えたいのは、「教材化」のスピリットとでも言うべきものである。小学校の低学年なら、教材曲を文字通り一種の遊び場として機能させること、そして、中・高学年に対しても中学生に対しても、そのスピリットを持って授業準備をしてほしいということである。自分が指導する対象生徒・児童を思い浮かべ、どのような活動をすると、彼らが楽しい緊張感を持って音楽の流れに参入できるのか・その音楽に共感を持つことができるのか、すなわち良質の音楽経験ができるのかを考える習慣をつけてほしい。教科書の楽譜通りに教材曲を使わなくてもよい。教材を多角的に捉え、どうしたら音楽的に遊べるかを工夫することは、真にクリエイティブな活動で、音楽教師としての自分を成長させる。結果的にあまりうまくいかなくても、必ずそのスピリットが伝わるだろう。

第2節　楽譜を見て曲を聴く

1. 楽譜を注意深く見る

　教材曲の楽譜を注意深く見ることを通じて感じ・考える、ということは、意外に徹底されていない。本節では鑑賞の教材を例に述べるが、歌唱教材についても全く同じことが言える。

　鑑賞の授業のための教材研究では、楽譜（五線譜）に書かれた作品を取り上げる場合は、必ず楽譜を見よう。楽譜には、注意深く音を聴くことだけでは得られない情報がある。またできるだけ複数の音源にあたろう。比

較の視点は、物事について考える時に不可欠であり、これを通じて1つの音源からだけでは得られない気づきが生まれることだろう。

本節では、ムソルグスキーの組曲《展覧会の絵》から、〈卵の殻をつけたひよこの踊り〉を例にする。よく知られているように、《展覧会の絵》はピアノ曲として作曲された（1874年）が、ラヴェルの編曲によるオーケストラ版（1922年）でも有名である。そして現代ではさらに幾つかの編曲が知られている。本節では、ムソルグスキーの原曲、ラヴェルの編曲、富田勲のシンセサイザーによる編曲（1975年）を取り上げてみよう。

2. ピアノの楽譜を見て聴く

〈卵の殻をつけたひよこの踊り〉は、望ましい速度で弾くのは容易ではないので、自分で演奏できなくてもかまわない。しかし楽譜を見ることを通じて、曲の比較的シンプルな構造を一瞥することができる。そのステップを踏まないで数回聴くだけならば、題名から連想されるピヨピヨ言うような感じ、小さいものが忙しげに動くような感じなどを聴き取るだけになりがちだろう。しかし音楽的理解がその程度ならば、授業を受ける児童生徒と同じ水準にとどまってしまう。

楽譜を見ると、この曲はA部分に続きB部分（TRIO）があって、それからA部分に戻り、そのあとCodaが置かれている、ということが明快にわかる。これを自分で明確に理解して聴けるようになると、「この曲には曲想が変化するところがある」という投げかけをする場合、漫然と曲想の変化を追いかけるのではなく、形式の理解へとつながる投げかけができるようになるだろう。

3. 低い音に着目して聴く

この曲はヘ長調で書かれてはいるが、第5小節から第8小節、独得な音使いで上行するベースラインがくっきりと現れる。このラインを取り出し

て弾いてみると、どんな風に感じられるだろうか。このベースラインは、単純な全音階でも半音階でもなく、規則性の有無が微妙であるような、独特な上行の仕方をしている。

楽譜1　第5小節〜第8小節

第13小節から第16小節も、不思議なベースラインが現れる。17小節から20小節の3度上がって2度下がりながら少しずつ上行していく音型も、独得の響きを醸し出す。

楽譜2　第13小節〜第20小節

このベースラインを少し意識してみると、作曲者の工夫が私たちに及ぼしている効果を考える視点が生まれるだろう。私のゼミで勉強した人は、「この動きはひよこの足取りなのかな？」と言った。そのようなイメージが生まれたのは、楽譜を読む経験をして、その音の動きを意識するようになった時なのである。

次にTRIOの部分を見てみよう。第23小節から30小節（TRIOの最初の8小節）では、高音部で速いトリルが響きわたる。こういう場合、どうしても耳は高音の動きばかりをとらえてしまいやすい。楽譜を見なければ、高音を聞く意識だけが先行するだろう。しかし楽譜を知ることで、新しい聴

き方が開かれる。ここでもベースの動きを見よう。f-a-g♯-b♮-f-b♮-a-g♯の反復の上で、速いトリルが鳴り続けている。次の第31小節から第38小節のバスの動きも、何やら上下に行きつ戻りつ、反復のようだが音には変化がついて、独特の動きをする。演奏する立場になってみると難しさを感じる部分なのだが、楽譜でひと通り音の動きを見てから再び聴いてみると、どんな感じがするだろうか。少し違ったイメージを抱くのではないだろうか。

楽譜3　第23小節～第30小節（TRIOの第1小節～第8小節）

　私のゼミでは、「ひよこがチィーィとかピエピエといった思いっきりの声を出してお母さんを呼んでいる。でも足取りはまだフラフラしている」「前に行こうとしても後ろに下がってしまったりする」「いや、トリオの所のベースラインはひよこじゃなくて、お母さんが寄ってきてくれた足音だと思う」などと、次々と意見が出てきた。

4. オーケストラ版、シンセサイザー版も研究する

　オーケストラ版も楽譜を見てみよう。ラヴェルの工夫は至るところに見ることができるが、例えばTRIOの最初の8小節は、ピアノ版ではリピート記号の指示により、繰り返して演奏することになっている。ピアノで弾く場合は、1回目と2回目にはそれほど大きな変化はつけにくい。一方ラヴェルはこの部分をリピート記号では扱わず、オーケストレーションを大きく変えている。最初の8小節は、**楽譜3**の旋律を1本のファゴットが

第6章　音楽科授業と教材

「ブパブパ」と懸命な感じで演奏し、次の8小節は、2本のホルンが少し音を加えて厚みを増しながら受け持つ。ヴァイオリンのピチカートが、よりシャープで甲高いひよこの声（もちろん別の解釈は多々あり得る）を強調するのも面白い。何か違う動物の出現をイメージする人もいるようだ。

　スコアを見ることにより、オリジナルのピアノ版に対してラヴェルのオーケストラ版にはどんな工夫が施されているのかが明確になる。このようなラヴェルの工夫を読み取り、聴き取る姿勢をもって聴けるようになると、さらに富田のシンセサイザー版に感じる面白さも倍増するだろう。ここのところは、是非読者の皆さんに自分で感じ取ってほしい。そういう準備をすると、児童・生徒に投げかける聴き方のヒントが次々と浮かぶだろう。読譜と反復聴取の過程を通して、必ず新しい学びと成長があるはずだ。

5．自分の感性をオープンに

　このように準備を重ねて授業に臨むと、教師は必然的に自分の感性を児童生徒にオープンにすることになるだろう。何が面白いのか、どこに魅力を感じるのか。それを出すことを恐れてはいけない。それ自体は、決して自分の価値観を押しつけることでもなく、他の価値観を認めないことでもないのだから。

　筆者がこの題材について検証授業を行ったT小学校では、3年生の児童たちが、**楽譜3**の旋律をいっしょに口ずさみ、それから動きをつけた。児童は楽譜を見るわけではないのだが、**楽譜3**の旋律を、オルガンで弾きながら範唱すると、全員が4〜5回のうちに覚えられた。さらに曲の聴取時に、この部分をオルガンで入れて強調してみると、この旋律が低い方で鳴っていることも確実に聴き取れるようになった。一連の指導過程においては曲に対する指導者のイメージを、表情や動作で示すことも大切であると思う。筆者は「ひよこの足取りがまだ定まらず、足は動かすけれどもうまく前へ進めずにいる」といったイメージを持ってこの部分を聴いており、音の動きに合わせて、そんな歩き方の動作をして見せた。一種の演技であ

る。堂々と、こんな風に感じていると示せば、児童に共感を呼び起こす。曲を聴いて感じ取ろうとするモティベーションが高まり、思わず動いたり、動きを考えたりして、自ら能動的で良質な音楽経験を作り出すだろう。

第3節　未知の音楽へのチャレンジ

1. 多様な音楽活動をしている身近な人々を知る

　本章では、教科指導の過程で、指導者自身も児童生徒と共に音楽を楽しむことの重要性を強調している。前節では楽譜を読むことを通じて自分も発見を重ね、その魅力を伝える楽しさを例に挙げた。本節では、地域のつながりや人脈を通して、自分自身にとって未知な音楽に対しても積極的に取り組み、学びながら教材化する例を挙げる。

　学校周辺の地域には、郷土芸能などの担い手として活躍する人々がいるに違いない。情報を集めておき、年間指導計画の中にそのような方との連携プレーを取り入れた授業を入れてみてはどうだろうか。この試みは珍しくはないのだが、教員のかかわり方は多様である。どのようにかかわれば、より良く「教材化」できるだろうか。

　一番重要なのは、自ら音楽活動に参加したり習ったりして、その音楽の生まれる場を体験しておくことである。あなた自身は、自主的に音楽活動をする喜びを知っているはずだ。未知の音楽でも少し習ってみることによって、その担い手の人たちがどのような楽しみ方をしているのか、その音楽の魅力となっている要素は何かを垣間見ることができる。その魅力的な要素を、授業内にも工夫して持ち込みたいものである。

　以下、本節では祭囃子を具体例に述べる。

2. その音楽の楽しみ方をつかむ

　地域の祭礼そのものが活発に行われ、老若男女併せて多数の人が担い手になっているならば、学校で題材化するノウハウも集積されているのではないだろうか。担い手が少ない場合も、「○○囃子保存会」といった組織にアプローチできるだろう。例えば、一般に東京は地域の繋がりが弱いと言われる。しかし1997年の調査報告によれば、祭囃子の保存会が390以上も活動している［東京都教育委員会1997］。筆者のゼミでは、東京の祭囃子保存会の1つを訪ねて手ほどきを受けた。その後、学んだことを題材化して小学校用と中学校用の指導案を作成し、小学校における検証授業も実施している。一連の資料としてまとめてあるので、ご参照いただきたい［阪井2014］。地域の芸能など民俗音楽に取り組むための注意事項も挙げてある。

　江戸の祭囃子と呼ばれる、東京地域の祭囃子は、**図1**のような5人囃子の形態による演奏が基本である。また東京の祭囃子は一連の組曲のように数曲を順次演奏することが多く、その中に、《四丁目》《仕丁目》などと呼ばれる曲がある。筆者のゼミが習うことのできたＴ囃子においては、《四丁目》は**楽譜4**のような太鼓のリズムが基本になっている。

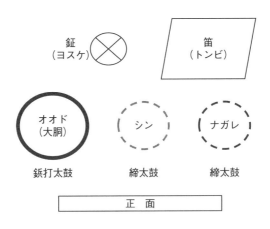

図1　東京の祭囃子五人囃子の位置取り（基本）

楽譜4

　笛の旋律を聴きながら、大胴太鼓1つと、音の高さを少し違えた2つの締太鼓（シンとナガレ）がこのリズムを受け持つのだが、3人は実際にはどのように打つのだろうか。囃子のメンバーが楽しんでいるのは、**楽譜4**の基本リズムを心の中に共有した上で、合いの手を入れたり、基本リズム自体をほとんど止めて合いの手どうしで対話したり、少し気分をあおるように激しく打ったり、といった即興の演奏なのである。その場にいるだけでも、展開する掛け合いの楽しさを段々共有できるようになるだろう。

3. 楽しみ方を教室へ

　祭囃子は基本的に楽譜のない音楽なので、笛もまた、旋律を変奏して楽しんでいる。つまり、囃子のメンバー全員に共有されているのは、**楽譜4**の基本リズムである。楽しみ方の真髄は、このリズムの共有のもとでの即興ということである。小学校高学年以上であれば、このリズムを覚えるのは難しくない。ゲスト講師として外部から指導に来ていただく場合、事前学習としてここまでは習得しておくようにする。すると、肝心の即興的な演奏の楽しみ方の部分を、ゲスト講師から直接に教えてもらうことができるだろう。即興のやり方を自分で考えて動くことは、児童・生徒にとって心身の力を全開させる、面白い経験になることは確実である。

　祭囃子の場合は、「即興的な合いの手」という概念そのものについても、事前学習をしておくとよい。漫才など、日本の「お笑い」の文化は、格好の材料ではないだろうか。ボケとツッコミのかけ合い、丁々発止のやりとりには、私たちの内面を表現し、人に伝えるための重要な鍵がある。曲の

仕組みを学ぶ傍ら、そのスピリットを教室で実現しよう。

おわりに

　本章で投げかけたことは、材料をよりよく教材化するやり甲斐と面白さである。音楽の授業における児童・生徒にとっての良質な音楽経験の重要性を常に心にとめ、丁寧な授業準備をすることの大切さである。魅力的な響きやリズムに満ちた良質の音楽経験のための準備には、やはり多大なエネルギーを要する。しかしこの作業を行うことによって、必ず音楽の指導者として成長できる。教材化のコツも分かってくる。1つずつ粘り強く、授業のレパートリーを広げていただきたい。

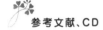
参考文献、CD

阪井恵「〈四丁目〉(しちょうめ)(高井戸囃子版)を教材とする音楽授業のために」『明星大
　　学研究紀要——教育学部』第4号、2014年、p113〜138
東京都教育委員会『江戸の祭囃子——江戸の祭囃子現状調査報告書』1997年

〈富田版ムソルグスキーCD〉
　『Musorgsky-Tomita Pictures at an Exhibiton』GD67506
　『The Best of Tomita』Vol.2 BVCC-9397　など。

第7章

音楽科授業と教師
―― 教師に求められる音楽能力 ――

はじめに

　音楽授業を担当する教師には、どのような音楽能力が求められるのだろうか。本章では、このことについて考える。
　まず、本題に入る前に、宮沢賢治の童話の世界を覗いてみよう。そこで展開される唱歌の授業から学びたい。次に、現実の世界に目を向け、教師になるために、どのような能力を身につけることが期待されているか、免許法や学習指導要領から検討する。加えて、学校の音楽活動や社会との接点を捉え、現代の学校において必要とされる教師の音楽能力についても明らかにする。これらの上で、これからの教師がどのような方向性をもって自らの音楽能力を高めていくべきかについて提案したい。

第1節　音楽授業の前に

　宮沢賢治の作品は、魅力的な音楽の場面であふれている。ここでは、『風の又三郎』の一場面を取り上げる。夏休みが終わった9月、始業式を終えた翌日、転校生の三郎を迎えた谷川の岸にある小さな学校での唱歌の時間の様子を賢治は次のように描き出す。

1. 1つの風景から

　　二時間目は一年生から六年生までみんな唱歌でした。そして先生がマンドリンをもって出てきて、みんなはいままでにうたったのを先生のマンドリンについて五つもうたいました。
　　三郎もみんな知っていて、みんなどんどんうたいました。そしてこの時間はたいへん早くたってしまいました。

（宮沢賢治『風の又三郎』より）

　たった1つしかない教室、全校児童一斉の唱歌の時間に、先生はマンドリンをもって登場し、次々と歌を繰り出していく。みんなは、先生の弾くマンドリンについてどんどん歌い、たちまち音楽のとりことなった。昨日出会ったばかりの転校生の三郎までが、歌の輪に溶け込み、友だちと一緒になって声を合わせている。「今までに歌ったのを」「五つも」「どんどん」歌った。次から次へと歌いたくてしょうがなかった。何度繰り返して歌ってもあきなかった。先生のマンドリンがそうした気持ちや活動を推し進めていく。そして、楽しい歌の時間はあっという間に終わってしまった。

2. 子どもとともに音楽をする

　「子どもとともに音楽をする先生」「子どもが安心して表現する空間をつくりだす先生」、この唱歌の授業からはこうした先生像が浮かび上がって

くる。この2点は、シンプルではあるが音楽授業をする教師にとって必要不可欠で基本的な能力と言える。

　もちろん、先生は、歌を歌いマンドリンを弾くわけだが、この「歌う」「伴奏をする」といった音楽の専門的な力は、十分な子ども理解に基づいた受容的で共感的な態度や子どもが音楽活動に安心して参加できるための具体的な方法論と一体となってはじめて生かされる。授業においては、演奏の技能など、教師の個人的な音楽の能力は、子どもの表現や学びの世界と結びつくことによって始めて開花する。そのためには、教室の中で1人ひとりの子どもの精神的な居場所が確保され、自由な表現が保証されていなければならない。いわゆる音楽家の専門的な能力と音楽授業を担当する教師の音楽能力の違いはここにある。教師の音楽能力はもともと総合的な性格を持っていると言える。

　こうした能力は、例えば、幼児に歌を歌ってあげたり、ともに歌ったりする親の姿にもともとの状態を見ることができる。しかし学校という制度的な場でこのことを実現し、子どもの学びの場を保証するためには、教師はさらなる音楽の専門的な力や教育的な眼差し、授業の構成力といった能力を獲得することが求められる。

第2節　教師になる前に必要とされる音楽能力

　音楽教師に期待される一般的な能力は、教育職員免許法や学習指導要領を検討することにより浮かび上がってくる。教師として教壇に立つ前に、どのような能力をつけていくことが望まれているだろうか。

1. 教育職員免許法で求められる音楽能力

　学校で音楽を教えるにあたっては、免許状が必要である。
　小中学校あるいは高等学校の音楽の時間で授業を行うためには、定めら

れた一定の単位を取得しなければならない。小学校教員の場合、「教科に関する科目」として音楽の専門的内容を、「各教科の指導法」として音楽の授業の指導法について履修することが定められている。これらの具体的な内容については、個々の大学の授業等でそれぞれ工夫がなされ実施されているものであり、一概に共通の内容としてあげることはできないが、「教科に関する科目」（音楽）の場合、一般的には、歌唱の実技（発声、歌唱法、共通教材をはじめとした教材曲の歌唱）、器楽の実技（ピアノ実技、リコーダーや打楽器等小学校で多く用いられる楽器の実技）、弾き歌い（歌唱共通教材のピアノによる弾き歌い）、楽典基礎、ソルフェージュなどの実技や理論が課されている。音楽についての基礎的な理解とともに、「歌うこと」「楽器を演奏すること」「弾き歌いをすること」といった実技の習得が求められてきた。また、近年の音楽科の指導内容の多様化に鑑み、箏などの和楽器の実習や「音楽づくり」「指揮法」を課題とするものもある。

　「各教科の指導法」（音楽）においては、音楽科の目標、内容、指導計画、評価などを理解し、学習指導案の書き方を学びつつ模擬授業を実施するといった内容が見られる。音楽の授業を実施する上での基本的な理解と方法を学ぶ。

　一方、中学校、高等学校の免許を取得する場合、小学校と同様に「教科に関する科目」と「各教科の指導法」の履修が求められている。中・高等学校の「教科に関する科目」は、小学校と比べてより高度で専門的な内容となっており、具体的には、音楽の教科に関する科目として、「ソルフェージュ」「声楽（合唱及び日本の伝統的な歌唱を含む。）」「器楽（合奏及び伴奏並びに和楽器を含む。）」「指揮法」「音楽理論、作曲法（編曲法を含む。）及び音楽史（日本の伝統音楽及び諸民族の音楽を含む。）」と定められている。

　「各教科の指導法」は、音楽科教育の理論と実際について、授業展開の構想と実施、教材研究や年間の指導計画、学習指導案の書き方等を学ぶ。こうした能力は、教育実習などにおいて実践的な能力として統合され、カリキュラムの中で総合的に身につけていくように計画されている。

2. 学習指導要領から浮かび上がる音楽能力

（1）指導事項に見られるつけたい力

　音楽科の学習指導要領には、児童・生徒の身につける学力が示されている。これらは、表現と鑑賞に大別された指導事項として記されており、**表1のように構造化できる。**

　共通事項の①は、音楽構造の原理を分析的に捉え、「音楽がどのようになっているか」理解するとともに、それらを自らの感性により感じ取っていくことのできる能力である。また、②は、音楽の本質が、音を媒介としたコミュニケーションであることから、音や音楽の世界を適切な用語や記号を用いて伝え合うために期待される能力である。これを支えに、例えば歌唱では、①範唱を聴いたり、ハ長調及びハ短調の楽譜を見たりして歌うこと（小学校）を基礎に、歌詞の内容や曲想、楽曲の背景（高等学校）を感じ取って表現を工夫すること、②呼吸及び発音の仕方を工夫して、自然で無理のない、響きのある歌い方をし（小学校）、曲種に応じた発声や言葉の特性を生かした歌唱表現をすること、③各声部の響きや役割、全体の響きとのかかわりを理解して歌うこと、様々な表現形態の特徴を生かして

表1　学習指導要領の指導事項の系統と内容

【表現】			【鑑賞】
〈歌唱〉	〈器楽〉	〈音楽づくり（創作）〉	〈鑑賞〉
①音楽を感じ取って、歌唱の表現を工夫すること。 ②楽曲に合った声で歌唱表現すること。 ③声を合わせて歌うこと。	①音楽を感じ取って、器楽の表現を工夫すること。 ②楽器の特徴を生かして器楽表現すること。 ③楽器を合わせて演奏すること。	①様々な発想をもって即興的に表現すること。旋律をつくること。 ②音を音楽に構成していくこと。	①曲想を感じ取り、構造を理解して聴き、批評すること。 ②音楽の特徴と文化等の関係や多様性を理解して鑑賞すること。
[共通事項]			
①音楽を形づくっている要素を聴き取る（知覚する）ことと、それらの働きが生み出すよさや面白さ、美しさ（特質や雰囲気）を感じ取ること。 ②用語や記号などについて、音楽活動を通して理解すること。			

歌うことが期待される。このように学習指導要領では、共通事項を支えとして、器楽、音楽づくり（創作）、鑑賞のそれぞれにつけたい力が示されている。

　こうした力は、教師があらかじめ身につけておくべきものとして求められる。しかし、前述した教育職員免許法に定められる「教科に関する科目」及び「各教科の指導法」の内容とは必ずしも整合してはいない。

（2）音楽授業における言語活動

　児童・生徒の思考力、判断力、表現力を育む観点から、各教科等における指導にあたって、言語活動を充実させることが望まれている。音楽科の授業では、音や音楽の世界を適切な用語や記号を用いつつ、自らの言葉によって相手と交流しながら音楽活動を深めていくことが期待される。しかしながら、言語活動を意識するあまり、ともすると話合い活動が中心となり、本来の教科の学習がおろそかにされる実践も見られる。音楽活動の中でいかに効果的に言葉をもちいていくかといった視点が大切であるが、そのような実践的な能力を教師自身が育むことと音楽授業において言語活動が有効に機能するように授業を構成する教師の能力育成が求められる。

（3）学習評価の能力

　授業の実施においては、学習指導要領に示された目標に準拠した評価による観点別学習状況の評価や評定の着実な実施が求められている。授業では、「音楽への関心・意欲・態度」「音楽表現の創意工夫」「音楽表現の技能」「鑑賞の能力」といった観点ごとに評価するための「評価規準」が設定され、評価が実施されるが、教師は、「観察」「ワークシート」「作品」「演奏」などの評価方法を適切にもちいて児童・生徒の達成状況を評価していかなければならない。音楽の評価は、単に技能的なレベルを単独で判断するものではない。教師は、自身の目と耳を鋭敏にし、児童・生徒の表現の工夫や思考の過程にも目をやり、授業のねらいとも照らし合わせて適切な評価を行うことが求められる。

第3節　学校現場や社会が教師に求める音楽能力

　急激な社会の変化の中で、コミュニケーション力の不足、いじめ・暴力行為・不登校の対応、特別支援教育の充実、グローバル化や情報化への対応など、現代の学校は多くの教育課題を抱えている。また、学級活動・児童会活動・生徒会活動・学校行事といった特別活動や部活動など、学校における音楽活動は、教科の指導を核としつつもその枠を超えて実践され、教育活動の中で重要な位置を占めている。音楽は、表現者としての人間がもつ大切な表現能力であり、メッセージを伝え、人と人とをつなげていく力をもっている。そのため、学校の教育活動に有効に機能し、児童・生徒の人間的な成長を促すことが期待されている。このような中で、音楽を指導する教員に求められる能力も広範囲で多様化している。

1. 授業構想の柔軟な発想や状況に応じた臨機応変な対応力

　音楽の授業では、多様な背景をもった子どもの集団が音楽活動を行う。子どもやクラスが変われば、反応も態度も異なる。もとより授業は、目的を持ち、指導内容が明確にされた中で、綿密な学習指導計画（学習指導案）を立てて実践されるが、この場合、計画にこだわりすぎて、目の前の児童・生徒の心情や反応に無関心であってはならない。学習者の興味関心を高めつつ、心情に寄り添いながら音楽活動を工夫し、より良い方向を目指して臨機応変に対応する能力、必要におうじて適宜授業の構想を変更しつつ目的を達成していくことのできる能力が必要となる。

2. 生徒指導的配慮や特別支援的配慮

　現在学校では、特別支援教育の推進が図られている。LD、ADHD、高機能自閉症など様々な発達障がいを持つ児童・生徒への教育的支援が望まれ

る。実際音楽の授業では、ある種の音が苦手であったり、大勢の声や多種類の音が同時に鳴り響く状態に敏感であったりするケースが見受けられる。

　学校では通常学級と特別支援学級との交流や共同学習の機会が多い。また、通常学級における特別支援的配慮の必要な子どもも少なくない。こうした中で、「学習上の支援」「行動上の支援」「対人関係の支援」などは授業を進める上で不可欠である。それぞれの子どもの音楽能力を適切に把握し、どの子にも学びを保証する音楽授業のユニバーサルデザインが求められる。

3．合唱や吹奏楽など、音楽で集団をまとめていく力

　入学式や卒業式のみならず、学期の始めや終わりの校歌指導や合唱指導など、一年を通して、学年や全校児童・生徒による斉唱や合唱の機会は多い。また、音楽祭や合唱コンクールでは、学級や学年、全校をまとめて合唱を創り上げていくことが期待される。さらに課外活動では、吹奏楽、合唱などの部活動の指導も任されている。このような活動では、まず、吹奏楽や合唱における楽器の基本奏法や発声法に関する知識や技能、アナリーゼや指揮の能力が不可欠である。そして何よりも、こうした音楽活動を通して、集団をまとめあげて行く力が求められる。

4．音楽会の企画運営力

　音楽学習の集大成として、多くの学校では学習発表会や音楽集会、合唱コンクールなど、学年や全校体制による音楽の会が位置づけられている。音楽授業を担当する教師は、こうした行事の企画運営において中心的な役割を果たさなければならない。この際、それぞれのクラスや学年、全校の音楽表現の指導のみならず、会全体のプログラミング、当日までの計画と実施、当日の子どもや教師の動きなど、企画運営全般の能力が必要となってくる。何よりも、教師集団や児童・生徒とのより良い人間関係を構築し協力体制をつくりながら全校一体となって会を成功裡に導くことが期待される。

5. 学校の音楽活動と地域社会をつなぐ能力

　学校と地域社会は、より良い関係で連携しながら子どもの教育活動を促進することが求められている。そうした中で音楽活動が果たす役割は小さくない。例えば、児童・生徒の合唱を地域で発表することが、子どもの音楽学習を促進するのみならず、地域の人々を勇気づけたり、心のつながりを深めたりすることもある。地域社会の文化活動の促進に貢献することも地域に存在する学校の重要な役割である。こうした場合、音楽の担当教師は、保護者や音楽の専門家などと学校とを結び付け、子どもの音楽活動の実際とかかわらせ、連携の具体的な形を作り上げていかなければならない。コーディネーターとしての能力やマネジメント力が必要となってくる。

6. ICTの活用と情報化への対応

　コンピュータのソフトウェアや様々な教育機器が開発されている現在、音楽の授業においてもこれらを有効に活用し、学習を効率よく進めたり児童・生徒の興味関心を高めたりすることが求められている。音楽授業におけるタブレットPCや電子黒板、デジタル教科書、インターネットなどのICT（情報コミュニーケーション技術）機器は、音楽そのものの多様な提示の仕方や演奏・創作の支援、音楽の知識理解の深化、そして時には、教師の音楽の専門性を補強することにも大きな役割を果たす可能性を秘めている。これらの音楽授業での活用については、未だ十分とはいえず、今後活用方法等の開発が望まれる。

第4節　発想の転換

　以上、音楽授業を担当する教師に求められる音楽能力といった観点から述べてきた。授業を実践し、また、学校の音楽活動を推進していくために

は、実に多様な能力が必要であり、それらは、教育課題の増加に伴い増え続けているともいえる。もちろんこれらの能力の獲得は一朝一夕にできるものではなく、日々の積み重ねにより実現されるものではある。しかし、増加する一方の能力の十全な獲得は不可能に近い。それではどうすれば良いのだろうか。この際必要なのは、能力の1つひとつの獲得というよりも、それらを一旦解体し、新たな視点で再統合しようとする発想であろう。本節では、そうした視点をいくつか提示したい。

1. 音楽をすることと授業をすることを一体化する

　すでに述べてきたように、音楽授業における教師の能力は総合的なものである。教師の歌唱実技や楽器の演奏がいくら高度なものであっても、子どもが意欲的に音楽活動に参加するとは限らない。また、学習指導案の作成や教科の指導法、教育方法や技術に長けても、教師の歌や演奏が子どもに響くものでなければ音楽の授業は実のあるものとはならない。したがって教師に必要なのは、音楽の専門的な力と授業実践の力を常に結び付け、身体化しようとする発想と実践である。例えば、1人の教師がいて、ある歌に教材としての価値を認めたとしよう。おそらく彼／彼女は、その歌を何度も繰り返して歌う。いつの間にかその歌は身体の一部となる。同時に、歌っている心の中には、いつも子どもがいる。自分が日々音楽を教えているクラスの子どもだ。「この歌をどのように伝えようか、この歌からあの子たちは、何を学ぶのだろうか、どんなふうにして教えようか、どんな反応をするだろう」。そんなことが頭をめぐる。授業を考えることが楽しい。自身が音楽をすることと授業をすることの往還がなされ、一体化している教師の姿である。

2. 授業に対する思い込みを解体する

　教員養成の授業において学生が歌唱の模擬授業をする際、「旋律を歌う

→歌詞の意味を説明する→強弱など楽譜の記号を説明する→強弱などの表現を工夫する」といった流れで進める姿にしばしば出会う。あたかもそうすることが歌唱の授業であると信じて疑わないパターン化した進め方が見受けられる。彼／彼女が小・中学校、高等学校の12年間を通じて音楽の授業を受けた結果、気がつかない内に作り上げてきた授業に対する堅固な思い込みがそこにある。

　教師や教師を目指す学生は、自らが長い間音楽授業を受けてきたこと、そして、いつの間にか「授業とはこういうものだ、音楽とはこういうものだ、子どもとはこういうものだ」というフレームを自身に形成し、これを固定化する傾向にあることに自覚的になる必要がある。教育現場では、学習指導要領という枠組みが普遍的なものであるという前提にたった授業も多い。固定化した発想は、創造性を奪ってしまう。音楽授業の本質を考え、あらたな教育課題に対応していくためには、この自らが培ってきたフレームに疑問を投げかけ、自身の授業を更新、創造し続けることが必要となる。

3. 音楽理解の方法を探る

　今や学校の音楽授業では、世界のあらゆる音や音楽の世界を扱う。日本の音楽をはじめ、諸民族の音楽など、様々な様式の音楽が教材として用いられる。そのため音楽文化に対する深い理解に根ざした授業が求められる。また、サウンドスケープなどの思想も音楽教育の有り様に本質的な問いを投げかけている。加えて急速な情報化や技術発展は、従来型の音楽の有り様や概念を根本的に変えようとしている。例えば、「声を出して歌を歌う」という学校の音楽授業では「当たり前」とされていた行為は、音声合成技術やその応用製品の発展により、必ずしも「当たり前」とは言えなくなってきた。王道を走っていた西洋クラシック音楽やその様式に基づいた音楽概念はすでに大きく揺さぶられている。

　こうした中で、教師に求められるのは、音楽の有り様に敏感になり、常にその本質を問い続けることであろう。そのため必要となる作業は、「音

楽理解の方法を探る」ことである。ある様式の音楽に対して、すでに持っている自身の音楽理解の方法を疑わずに解釈しようとするのを避けること。その音楽の当事者の側に立った理解の仕方がどのようなものであるのかに心を配ること。その結果から音楽授業を組み立てていくこと。こうした能力を摑みとっていくことである。

4. 子どもへの共感と理解の眼差し

　授業を進めるには、子どもへの共感と理解が不可欠となる。子どもの置かれている音楽的環境は多様であり、すべての子どもが学校の音楽の授業を好きであるとは限らない。また、それぞれ異なる音楽的趣向を持っている。子どもは、様々な背景を持ちながら授業に参加しているのである。

　授業は、教師の提示する教材やそれに基づく価値観の提案であるとも言えるが、それらを強要するのではなく、子どもの理解を基盤としつつ、彼等の価値観とすりあわせながら新たな理解や価値観を共感的に生み出す作業である。

第5節　教師に求められる方向性

　以上の検討を念頭に入れつつ、それでは教師はどのような方向性をもってその能力を高めていけば良いのかについて述べたい。

1. 「音楽する」「子どもを理解する」「授業をつくる」行為の統合

　図1は、これからの教師に求められる音楽能力をまとめたものである。「音楽の専門性」「子ども理解」「授業の創造」の3つが一体化している。

　教師の音楽能力は、「自身が音楽をすること」（音楽の専門性）、「子どもの理解を大切にして授業を進めること」（子ども理解）と「授業をつくりだ

すこと」(授業の創造) が1つになったものと捉えることができる。

　自身の音楽性を高めつつ教室では子どもとともに音楽をし、子どもの表現や価値観と向き合い、対話をしながら授業を進めること。授業を更新しつつ、あらたに構築し、授業をつくり出そうとすること。これらを一連の行為として実践できる能力である。

図1　教師の音楽能力

2. カリキュラムの開発に向けて

　このことは必然的に、カリキュラム開発につながっていく。学習指導案の作成方法や評価規準の設定の仕方を詳細に学び理解することは必要ではあるが、それが最終目的ではない。重要なのは、音楽教育に対する理念を持ち、それを目の前の子どもとの関係において、毎日の「授業」として構築していくこと。結果としてカリキュラムをつくり出していくことではないだろうか。

　日本の学校教育における音楽科のカリキュラムは、基本的に学習指導要領を前提にその学力観のもとで計画実践されている。また、その構成原理は、西洋クラシック音楽を中心にその表現と理解を核とすることを当然としたものが多い。こうしたことから、カリキュラム開発にたいする教師の意識は活発とは言えなかった。これまで、オルフやコダーイをはじめ、海外の優れた音楽教育の思想や方法が紹介されながらも、未だ日本に根を張っていないのもこのような背景が考えられる。

　日々の授業の対象は、目の前の子どもであり、未来の文化を担う若者である。日本の子どもに最も適した音楽科のカリキュラムを構築していくことは、日本の音楽科教師に課された責務でもある。

おわりに

　以上述べてきた音楽能力は、その性格上、一旦獲得すればそれで終わるというものではない。日々更新しつつ、その質を高めていくことが求められる。教師にとって必要なのは、賢治の描いた先生像に思いを馳せつつ、学びと探究を継続することであり、子どもとのかかわりの中で実践と評価を繰り返しながら授業を創造しようとする作業と精神であろう。

引用・参考文献

　『音楽教育実践ジャーナル』vol. 5、No. 2（通巻10号）日本音楽教育学会、2008年

　国立教育政策研究所教育課程研究センター『評価規準の作成、評価方法等の工夫改善のための参考資料　小学校音楽』教育出版株式会社、2011年

　国立教育政策研究所教育課程研究センター『評価規準の作成、評価方法等の工夫改善のための参考資料　中学校音楽』教育出版株式会社、2011年

　佐藤学『カリキュラムの批評――公共性の再構築へ』世織書房、1996年

　徳丸吉彦「東洋音楽」『芸術の諸相（講座美学4）』今道友信編、東京大学出版会、2000年（第10刷、初版1984年）、pp. 73〜112

　宮沢賢治『新日本少年少女文学全集24　宮沢賢治集』ポプラ社、1967年

　文部科学省『小学校学習指導要領解説　音楽編』教育芸術社、2008年

　文部科学省『中学校学習指導要領解説　音楽編』教育芸術社、2008年

第3部

音楽科教育の実践

第8章

音楽科の目標・指導内容・指導計画・評価

はじめに

　小学校および中学校、高等学校等における教育課程の基準は、学校教育法施行規則によって「学習指導要領によるものとする」と定められている。学習指導要領は、戦後、時代的な変化や社会的な要請を受ける形で約10年ごとに改訂されて、現在に至っている。

　音楽科教育のカリキュラムを考えるにあたっては、学校教育全体の課題を知るとともに、音楽科の本質と独自性を見極め、児童生徒の人間的な成長発達に果たす音楽教育の役割を認識することが必要である。

　本章では、主として現行の学習指導要領（小・中学校は平成20年告示、高等学校は同21年告示）とその解説に基づき、音楽科の目標と指導内容についてまとめた上で、児童生徒の実態に即した学習指導を展開するために必要となる指導計画と評価のポイントについて述べる。

第1節 音楽科の目標

1. 教科の目標

表1 中学校音楽科の「教科の目標」

> ①表現及び鑑賞の幅広い活動を通して、
> ②音楽を愛好する心情を育てるとともに、
> ③音楽に対する感性を豊かにし、
> ④音楽活動の基礎的な能力を伸ばし、
> ⑤音楽文化についての理解を深め、
> ⑥豊かな情操を養う。

小・中学校の音楽科と高等学校の芸術科では、教科の目標が**表1**のような構造で示されている。中学校を例にとって考えてみよう（数字と下線は筆者による）。

①は、音楽科の領域が表現と鑑賞の2つからなり、音楽の学習指導が、知識の詰め込みや機械的な技能の訓練に陥ることなく、多様な音楽を対象とした直接体験を基礎として行われるべきであることを示している。

②は、種々の音楽に対して興味・関心をもち、永続的に音楽を好み、生活の中にこれを生かそうとする情意面のことであり、③から⑥を実現する上での原動力となるものである。

③と④と⑤は、音や音楽を知覚し、その質的な世界を価値あるものとして感受するための感性や能力、生涯にわたって音楽活動を楽しむための知識や技能、音楽のもつ文化的・歴史的な背景や音楽的コミュニケーションの特質に対する理解などのことであり、いずれも音楽学習の中核をなす学力である。そして⑥には、音楽科及び芸術科が、情操とりわけ美的情操の面から豊かな人間形成を目指す教科であることが示されている。

なお、小学校には⑤にあたる文言がないが、「音楽文化（高等学校では「芸術文化」）についての理解」は平成20年学習指導要領改訂のキーワードの1つであることから、小学校においても自国の文化に対する理解と愛着心、他国の文化を尊重する態度の育成が求められていると考えられる。

2. 学年の目標

小学校と中学校では、学年の目標が2学年ずつまとめて示されているが、

表2　中学校音楽科第2・3学年の「学年目標」

> (1) 音楽活動の楽しさを体験することを通して、音や音楽への興味・関心を高め、音楽によって生活を明るく豊かなものにし、生涯にわたって音楽に親しんでいく態度を育てる。
> (2) 多様な音楽表現の豊かさや美しさを感じ取り、表現の技能を伸ばし、創意工夫して表現する能力を高める。
> (3) 多様な音楽に対する理解を深め、幅広く主体的に鑑賞する能力を高める。

これには弾力的な指導を効果的に進めるというねらいがある。一例として、義務教育の最高学年にあたる中学校第2・3学年の目標を表2に示す。

(1)には情意面、特に教科の目標②に関連して、音楽や音楽活動から情動が喚起される経験をし、自分にとっての音や音楽の意味を考えて、音楽学習の経験を生活に生かそうとする態度を身につけることが示されている。

(2)は音楽表現に楽しさや豊かさ、多様性を見出し、表現意図をもって、それを実現するための能力・技能を身につけることである。(3)には様々な音楽を能動的に鑑賞し、音・音楽の知覚と感受、文化的・歴史的背景の理解を通して、そのよさや美しさを味わうことが示されている。(2)と(3)は、どちらも教科の目標の③から⑥の実現に向かうものと考えられる。

(1)に示された情意面の発達が(2)と(3)に示された諸能力の向上を促し、その実現が(1)のさらなる発達を導くというように、これら3つの柱から、音楽的発達における正の循環を生じさせるようにすることが大切である。

3. 科目の目標

高等学校芸術科音楽は選択科目であり、音楽Ⅰでは表現のすべての分野と鑑賞の学習が、音楽Ⅱでは表現の各分野から1つ以上と鑑賞の学習が、音楽Ⅲでは表現の各分野と鑑賞から1つ以上を選択した学習が行われる。

これを受けて、各科目の目標が設定されているが、構造は小・中学校音楽科の教科の目標とほぼ同じである。⑥にあたる部分は示されていないが、ここに示された科目の目標が、芸術科の目標である「豊かな情操を養う」ことの実現に向けられていることは言うまでもない。

第2節　指導内容

　現行の学習指導要領では、音楽科の指導事項が、小学校から高等学校まで一貫して、歌唱、器楽、創作、鑑賞の分野ごとに示されるようになった。これは、各指導事項の連続性を明らかにするためである。さらに、表現と鑑賞の能力を育成する上で共通に必要となる〔共通事項〕が新設された。

1．表　現

　中学校学習指導要領解説には、表現領域の指導内容をとらえる視点として、①素材としての音、②構造、③イメージや感情、④技能、⑤背景の5つが示されている。これらのうち、小学校では①から④が、中学校と高等学校では①から⑤のすべてが、指導内容に反映されている。

（1）歌　唱

　歌唱分野の指導内容には、音楽表現を工夫するための視点として「歌詞の内容と曲想」「発声と言葉の特性」「声部の役割や全体の響き」の3つが示されている。また、「聴唱と視唱」は小学校にのみ示されているが、必要に応じて中学校と高等学校でも継続的に扱うべき内容であろう。その他、世代を越えて歌い継ぐという観点から小・中学校で共通教材が示されているのに加えて、中学校では我が国の伝統的な歌唱が新しく導入された。

（2）器　楽

　器楽分野の指導事項は、歌唱分野とほぼ同様の項目となっている。教材選択の視点として、児童生徒の発達段階と音楽の多様性が挙がっているほか、中学校では3学年間を通じて1種類以上の和楽器の表現活動を行い、日本や郷土の伝統音楽のよさを味わうこととされている。

（3）音楽づくり（小学校）・創作（中学校および高等学校）

　小学校の音楽づくりでは「音遊び・即興的表現」と「音楽の仕組みを生かした音楽づくり」が指導事項となっている。中学校の創作の指導事項は「言葉や音階の特徴を生かした旋律づくり」と「イメージと音素材の特徴を生かし、構成を工夫した音楽づくり」であり、高等学校の創作では、これに「変奏や編曲」が加わる。

　音楽づくりと創作の指導にあたっては、素材となる音と十分に向き合いながら音楽をつくり上げる過程を大切にするとともに、他の分野、特に鑑賞との関連において、表現の意図やイメージを高めることが必要である。

2．鑑　賞

　中学校学習指導要領解説には、鑑賞領域の指導内容をとらえる視点として、①素材としての音、②音楽の構造、③イメージや感情、④批評（言語活動）、⑤背景の5つが示されている。これらを具体化するために、中学校では「音楽を形づくっている要素や構造と曲想とのかかわり、説明や批評、音楽のよさや美しさを味わうこと」「音楽の特徴と文化・歴史や他の芸術との関連」「音楽の多様性」という3つの指導事項が示されている。

　小学校の指導事項には、上記5つの視点のうち①から③および④の一部が反映されており、「音楽を全体にわたり感じ取ること」「楽曲の構造を理解して聴くこと」「楽曲の特徴や演奏のよさを理解すること」が示されている。高等学校では①から⑤すべての視点が反映され、指導事項には「声や楽器の音色の特徴と表現上の効果とのかかわり」「音楽を形づくっている要素の知覚とその働きの感受」（3．共通事項を参照）、「楽曲の文化的・歴史的背景や、作曲者及び演奏者による表現の特徴」「我が国や郷土の伝統音楽の種類とそれぞれの特徴」が示されている。

　鑑賞の指導にあたっては、音楽に浸って全体を味わうという直観的な聴き方と、特定の要素に着目するという分析的な聴き方を往還することによ

り、音楽鑑賞の深まりが実感できるようにする。また、多様な音楽を選択するとともに、各様式にふさわしい聴き方を尊重することも大切である。

3. 共通事項

〔共通事項〕は、歌唱、器楽、音楽づくり・創作、鑑賞の活動を支えるものであり、その中核をなすのが知覚と感受である。知覚は音楽を形づくっている要素を聴き取ることであり、感受は要素の働きが生み出す音楽の質感を感じ取ることである。言い換えれば〔共通事項〕とは、音楽を表現したり鑑賞したりする中で受け取った音楽のニュアンスやイメージの根拠を、音楽の要素や構造の中に求めて、その働きを理解することである。

小学校と中学校では〔共通事項〕が表現と鑑賞の指導事項と併記されているが、単独で扱うべきものではなく、各活動の中で指導すべきものである。高等学校では表現(エ)と鑑賞(イ)の指導事項に包含されている。

さらに、小学校と中学校では、音楽の用語と記号を理解することが、〔共通事項〕のもう1つの柱となっている。

以上、音楽科の指導内容を概観してきた。一例として、中学校の指導内容の全体像を図示すると、図1のようになる。

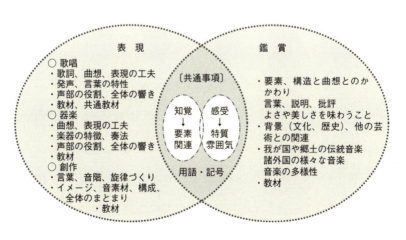

図1 中学校音楽科の指導内容

第3節　指導計画

1. 指導計画の作成

　音楽科教育は、学校における教育活動として、組織的、計画的に行わねばならない。目標を明らかにし、それを実現するための指導内容や教材の配列、指導方法などを、授業時間数との関連において組織する。指導計画は、常に児童生徒の実態に照らして作成することが重要であり、実施後にはこれを振り返り、改善を図って、次の計画に生かすことが求められる。

　指導計画は、年間、学期、月、週、題材、単位時間など、様々な単位が想定される。期間の長短によって、その抽象度や具体度が異なるが、それぞれの間で整合性が保たれているかどうかを絶えず確認する必要がある。

2. 年間指導計画

　年間指導計画は、1学年間の長期計画である。作成にあたっては、学校全体の教育目標と教育課程、学校や地域の特色と児童生徒の実態を明らかにするとともに、音楽科の役割を確認し、他教科や道徳、総合的な学習の時間、特別活動との関連を考慮するようにする。年間指導計画の作成は、保護者や地域の人材との連携を図る上でも有効に働く。

表3　小学校音楽科における年間指導計画の書式例（部分）

第○学年の目標						[共通事項]		表現						
								歌唱				器楽		
学期	時数	題材名	題材の目標	教材	評価規準	ア	イ	ア	イ	ウ	エ	ア	イ	ウ
1学期					主たる要素を記入						該当する事項に○			

さらに、音楽科の各学校種や各学年、各活動分野の相互の関連を図りながら、題材名と題材の目標、教材、時期や時数、評価規準等を決定する。その際、マトリックス表を作成して、主な指導事項に○印を記入していくことにより、学習活動全体を見通しながら、活動分野や指導内容、教材のバランス、年間を通じて身につけさせたい知識や技能の系統性や発展性などについて検討することができる（表3）。

3. 題材

音楽科では、教材と指導内容のまとまりのことを題材と呼び、指導計画とのかかわりにおいて題材を組み立てることを題材構成という。

題材構成の方法には、「楽曲による題材構成」と「主題による題材構成」の2つがある。前者は、教材分析を行って、その教材性を導き出すものであり、例えばベートーヴェンの交響曲第5番を教材として、構造上の特徴であるソナタ形式の理解を指導内容とすることなどが考えられる。後者は、音楽的なまとまりや生活経験的なまとまりを主題として、これに適した教材を選択したり開発したりするものであり、例えば「リズムにのって表現する」という音楽的な主題を設定して、行進曲や舞曲などを教材曲とすることなどが考えられる。これら2つの方向性に沿って教材分析や教材収集とその選択などを行い、必要に応じてこれらを往還しながら、児童生徒の実態や学校の実情に即した題材構成を行うことが大切である。

4. 学習指導案

指導計画のうち、特に題材と一単位時間（本時）についてまとめたものを、学習指導案という。学習指導案には、本時の展開を中心とした略案と、題材観や教材観、児童観・生徒観、評価観などの詳細を記した細案とがある。学習指導案の書式は多様であるが、細案には次の内容を含めるのが一般的である、①題材設定の趣旨、②児童・生徒の実態、③題材の目標、

④教材選択の視点と教材性、⑤評価規準、⑥題材の指導計画と評価計画、⑦本時の目標と展開。

　学習指導案を作成する過程においては、教材理解と子ども理解を深めて、児童生徒の反応を具体的に予想しておくことが重要である。それにより、実際の学習指導において、想定されるいくつもの選択肢から児童生徒の反応にもっとも適切な方法を即座に選択することが可能になるからである。

　学習指導案の書式の例を図2（p. 132～）に示す。併せて参照されたい。

第4節　評　価

1.　評価の種類

（1）評価の時期

　教師が行う評価のうち、実施する時期による分類には、診断的評価、形成的評価、総括的評価がある。

　診断的評価は、題材の学習指導を開始する前に行い、児童生徒がすでに身につけている知識・技能などを把握し、学習指導や教材の適切性を確認する作業である。テストや質問紙のみならず、それまでに蓄積された資料の分析や児童生徒の観察などを通して情報を得る。

　これに対して、学習指導の過程で行われる評価を、形成的評価と呼ぶ。児童生徒の興味・関心の状態や知識・技能の獲得状況などを確かめながら、指導の改善を図るようにする。特に、努力を要する状況(C)となることが予想される児童生徒には、おおむね満足できる状況(B)になるよう、適宜、個に応じた指導を行うことが求められる。

　題材の学習指導が終了した後、学習の実現状況を評価することを総括的評価と言う。形成的評価で得た資料や授業後の提出物などを分析して、観点別に、十分満足できる状況(A)、おおむね満足できる状況(B)、努力を要す

る状況(C)の3段階で評価し、記録に残す。学期末や学年末には、これらを取りまとめて、指導要録や通信簿に観点別学習状況と評定を記す。

（2）準拠基準

2002（平成14）年4月、評定が「目標に準拠した評価を加味した相対評価」から「目標に準拠した評価」（絶対評価）に改められた。目標に準拠した評価は、児童生徒1人ひとりの目標の実現状況を適切に評価しようとするものであることから、目標の明確化は言うに及ばず、評価規準や方法、評価のタイミングなどについて、しっかりと計画を立てておく必要がある。

さらに、他者と比べることなく個人の中に基準を設定する「個人内評価」は、個に寄り添う評価と言えるものであり、補完的に用いることによって、児童生徒や保護者に対してメッセージ性の高いフィードバックを行うことができる。

（3）児童生徒による評価

自己評価は、学習の主体である児童生徒が、自らの学習状況を評価するものである。その目的と方法を十分に理解させた上で実施することにより、児童生徒の自己教育力やメタ認知能力の向上が期待される。

相互評価は、児童生徒が互いの学習状況を評価し合うことである。ペア学習やグループ学習において、友達の表現の工夫や課題を見つけ合うことなどが考えられる。どの状況においても、児童生徒が互いを信頼し合い、高め合う雰囲気をつくることが肝要である。

2. 観点別学習状況の評価規準

（1）評価の観点

音楽科では、学習状況を分析的に把握するための観点として、次の4つが設定されている。①音楽への関心・意欲・態度、②音楽表現の創意工夫、

③音楽表現の技能、④鑑賞の能力。①では音楽に対する関心と学習活動に対する積極性をみる。②は知覚・感受に基づいて音楽表現に対する思いや意図をもつという思考・判断・表現の状況であり、③は②を実現するための技能を身につけて音楽を表現することである。④では、知覚・感受に基づく解釈や価値づけと、音楽を味わいながら聴くことの実現状況をみる。

このうち、表現を主体とする題材では①②③の３つの観点から、鑑賞を主体とする題材では①と④の観点から、観点別学習状況の評価を行う。

（２）評価規準

「評価規準」は、学習指導を通して実現すべき具体的な児童生徒の姿を文章で表したものであり、身につけさせたい力の程度を表す「評価基準」とは区別される。評価規準は、上述した評価の観点の枠組みに従って、バランスよく設定する。国立教育政策研究所『評価規準の作成、評価方法等の工夫改善のための参考資料』（小2011、中2011、高2012）には、「評価規準に盛り込むべき事項」と「評価規準の設定例」が示されており参考になる。「題材の評価規準」を設定した上で、より具体的な「学習活動に即した評価規準」を設定することも考えられるが、その場合には、両者の整合性が保たれていることを十分に確認する必要性が生じる。

3. 評価にかかわる課題

評価は、児童生徒の学習状況を把握するものであると同時に、指導計画の有効性を判断するものでもある。そのため、評価の結果を、音楽科の学習指導のみならず、学校の教育活動全体の工夫改善にも生かし、指導と評価の一体化を図るようにすることが大切である。

また、学習評価と教育活動の改善には、学校全体として組織的、計画的に取り組むとともに、評価方法の適切性を吟味することによって、評価の客観性と妥当性を高めることができる。評価資料の収集には、学習指導における観察や対話、演奏や音楽作品、授業中に書かれたノートやワーク

シート、授業後に行ったペーパーテストや質問紙など、多様な方法がある。ほかにも、知識・技能を使いこなす能力を評価する「パフォーマンス評価」や、学習活動で創出された児童生徒の作品やレポート、活動の様子が分かる写真などをファイルに保存する「ポートフォリオ評価」などがある。

とはいえ、評価の妥当性や信頼性を高めようとするあまり、評価資料の収集や分析に追われて、授業の準備や学習指導が疎かになってしまっては本末転倒であろう。学習活動の特質や児童生徒の発達段階を考慮し、評価の機会や方法を厳選し、必要に応じてこれを組み合わせて使用することによって、効果的で効率的な評価を目指すようにすることが肝要である。

おわりに

本章では、音楽科におけるカリキュラムの考え方について論じてきた。そのまとめにかえて、図2（次頁〜）に中学校音楽科指導案の書式の一例を示す。

参考文献

髙須一、佐藤日呂志編著『小学校音楽の新題材モデル20 低学年編――授業の流れがバッチリ見える！』明治図書、2011年

髙須一、山下薫子編著『小学校音楽の新題材モデル20 中学年編――授業の流れがバッチリ見える！』明治図書、2011年

髙須一、長谷川祐子編著『小学校音楽の新題材モデル20 高学年編――授業の流れがバッチリ見える！』明治図書、2011年

山本文茂監修、大槻秀一、佐野靖、山下薫子編著『新編 これからの中学校音楽ここがポイント――〔新学習指導要領〕対応完全マニュアル（音楽指導ブック）』音楽之友社、2011年

音楽科学習指導案

　　　　　　　　　　　　　日　　時　　平成〇〇年〇月〇日（〇）第〇校時
　　　　　　　　　　　　　場　　所　　〇〇中学校
　　　　　　　　　　　　　学　　級　　第〇学年〇組（男子〇名・女子〇名）
　　　　　　　　　　　　　指　導　者　　〇〇〇〇

> 教育実習では、上段に「指導教諭」（〇〇〇〇先生）、ここに「実習生」の氏名を記入します。

1．題材名

> 活動分野、教材、指導内容が分かるような題材名を工夫しましょう。

2．題材設定の理由

> ・学習指導要領の指導事項（〔共通事項〕を含む）との対応関係を示します。
> ・児童生徒の発達段階に即した題材であることや、教材の有効性についても触れておきましょう。

3．生徒の実態

> 興味・関心の実態、当該分野における学習経験と、すでに身につけている知識・技能などについて、診断的評価の結果を記述します。

4．指導目標

> 「情意、表現、鑑賞」の観点から、バランスよく設定して、箇条書き、または一文で示し、本題材を通して育てたい児童生徒の姿を表します。

5．教　材
(1) 教材楽曲

> 作詞者・作曲者、楽曲名、演奏者などについての情報を示します。

(2) 教材分析

> ・教材分析（楽曲分析を含む）をして、音楽の特質や雰囲気、主な音楽を形づくっている要素などを導き出し、2．の〔共通事項〕と関連づけて示します。
> ・音楽の文化的・歴史的背景や他の芸術との関係性などについても記述しましょう。

(3) 教材性

> ・3．（児童・）生徒の実態と照らし合わせて、児童生徒にとっての教材性（音楽的価値・教育的価値）を示します。
> ・予想される児童生徒のつまずきについても触れておきましょう。

図2　学習指導案の書式例

6. 評価規準

> ここでは総括的評価を、表現は【関】【創】【技】の3観点、鑑賞は【関】【鑑】の2観点、表現と鑑賞の関連を図った題材では全4観点から設定します。

観点	音楽への関心・意欲・態度【関】	音楽表現の創意工夫【創】	音楽表現の技能【技】	鑑賞の能力【鑑】
評価規準	○○に関心をもち、○○する学習に意欲的に取り組もうとしている。	○○を知覚し、それらの働きが生み出す特質や雰囲気を感受しながら、○○して音楽表現を工夫し、どのように○○するかについて、思いや意図をもっている。	○○を生かした音楽表現をするために必要な○○の技能を身に付けて○○している。	○○を知覚し、それらの働きが生み出す特質や雰囲気を感受しながら、（中略）根拠をもって批評するなどして、音楽のよさや美しさを味わって聴いている。

7. 指導計画（全○時間扱い）

時	◎目標・指導内容	評価規準（評価方法）
1	◎ ・ ・	【関】（観察） 【鑑】（ワークシート）
2	◎ ・ ・	【創】（ワークシート・発言）
3	◎ ・ ・	【技】（発表会での演奏）

> ・評価規準は、1時間に1つ（多くても2つ）を目安に設定します。
> ・評価方法は、評価規準に適したものを選び、学習活動が生きるように工夫しましょう。
> ・目標と評価規準との整合性がとれているかどうかを確認します。

8. 本時（第○時／全3時間）

(1) 目標

> 4. 指導目標および7. 指導計画との整合性がとれているかどうか確認します。

(2) 展開

指導内容	学習活動	○指導上の留意点 ◇評価

> ・記述する前に、全体の流れと時間の配分を考えます。
> ・「指導内容」は、体言止めなどにより簡潔に示します。
> ・「学習活動」では、児童生徒の動きが見えるようにし、予想される反応や発言などを含めて、詳しく記述します。
> ・「指導上の留意点」には、指導形態や指導方法のほか、努力を要する学習状況となることが予想される児童生徒への指導の工夫を記述します。
> ・「評価」には、題材の評価規準に加えて、学習活動に即した評価規準を記述することも考えられますが、両者の整合性がとれていることが大切です。

第9章 これからの歌唱・合唱の指導

はじめに

　この章では、前半に「児童・生徒の心情を生かした合唱指導」、後半に「日本語の特性を生かした歌唱指導」というテーマのもと、昨今の教育実践を踏まえ、現状が抱えている問題点などを読み取りつつ、これからの歌唱・合唱指導の在るべき姿をそれぞれ述べていく。

　まず前半のテーマである「児童・生徒の心情を生かした合唱指導」をするために教師として心がけるべきことは何かを考えていきたい。義務教育9カ年において、児童・生徒が合唱と出会う場は、実にさまざまで、授業、特別活動、儀式的行事、学芸的行事、課外活動などがあげられる。このような場面や機会の中で、仲間との絆を確かめ合い、自分の気持ちを素直に声に出して表現できることは、充実した学校生活を送るための土台となるのではないだろうか。その大切な営みを担う活動が合唱である。児童・生徒にとっては、歌う喜びや感動を共有できた体験が基となり、生涯にわたって音楽を愛好する心情が芽生え、ふくらみ、実っていくものである。

第1節　児童・生徒の心情を生かした合唱指導の実際

1. 児童の心情を生かした合唱指導の実際

　小学校における音楽科の授業時数は、多いとは言えない。残念なことに学習指導要領の改訂ごとに少しずつ削減されている方向にあるのが現状である。そのような中で、歌唱、器楽はともかく、鑑賞や音楽づくりに力を入れ、我が国の郷土や伝統音楽を聴かせたり、ふれさせたり、と指導内容が幅広い。指導計画を緻密に立案したとしても、教師は何に信念を持ち、いかに授業を展開していったらよいのか、時に迷うことがある。

（1）はじめに子どもありき

　音楽科においてどの領域を指導するにも共通して言えることは、児童の発達段階に即して「はじめに子どもありき」という発想が肝心、要である。児童の視点に立って、児童の興味が何で、教師がどういう働きかけをしたら意欲が高まるのかを頭に描き、発問計画を立て授業を進めていく。そのため、日頃から教材研究を深め、それぞれの魅力、教材性、指導の手だてを自分の中にいくつもの「引き出し」としてストックしておく必要がある。
　児童に合唱活動の楽しさを感じてもらうためには、教師が一方的に教え込もうとすることでは、かえって逆効果となることがある。児童の気づき、発見をサポートしていくことが大事である。児童の発言や児童同士のコミュニケーションを上手に結びつけて、合唱の喜び、仲間と共有できた時の楽しさを児童自ら味わっていけるように仕掛けることもポイントとなる。

（2）のびのび歌える環境をつくる

　まずは、児童が心を開放してのびのびと歌える環境を整える必要がある。一生懸命歌っている仲間を笑ったり茶化したり。また、恥ずかしがったり、気が弱かったりで発言できなかったり。そういった状況をつくらないよう、

日頃から児童どうし、児童と教師が良好な人間関係を築いていけるような環境づくりに努める。例えば、仲間のよいところを見つけて発表し合ったり、「ここはこう歌いたい」と児童自ら考えようとする機会を設けて、感性をくすぐり、児童の思いや意図を引き出す。さらに、それを技術面、表現面、双方において実現させるところまで指導することが大事である。その段階で教師は、「こうしたらうまくいく」という適切な助言をすることで、児童の自己実現を支援し、よりよい音楽を求める心を育てていきたいものである。

(3) 発表する機会をつくる

児童の合唱へのモチベーションをあげるには発表の場をできるだけ多くつくることが重要である。クラス内でもよし、学年毎にでもよし、また全校に広げても尚よし。児童がお互いの声、自分たちの声、他学年の活動を見たり、聴いたりすることはとてもよい刺激になる。教師があれこれ注意するよりも児童の気づきによって、多くの学びを感じることができる。ひいては意欲、達成感、次の活動に向けての目標に繋がっていく。授業においては、日常的にビデオや録音によって児童とともに振り返り（フィードバック）をして、客観的に自分たちの歌声を聴き、良否が正しく評価できる耳を育てることも大切である。

(4) その他 プラスαとして

魅力ある教材の選曲、課題解決型の学習活動、音楽の可視化、常時活動の設定、音楽室の並び方・配置の工夫、良い歌い方と悪い歌い方の比較歌唱など、ちょっとしたアレンジや工夫を凝らすことで、児童の情動をくすぐり、もっと歌いたい、もっ

と学びたいという心情を引き出していきたい。

2. 生徒の心情を生かした合唱指導の実際

　中学校時代の記憶に残るイベントの1つに、合唱コンクールをあげる生徒は多くいるに違いない。運動会と並んで、クラスが団結して1つになれる行事であり、協力することの大切さ、思いやりの心、忍耐力、協働して創造する力などたくさんのことを学べる。生徒たちは青春のエネルギーを燃やして、どこまでも伸びていけそうな無限の可能性を見せてくれる。このパワーを学校生活の営みの中に、しっかりと根付かせることができたなら、どんなにか素敵なことであろう。以下、中学校において合唱活動が善循環（望ましい形で伝統が引き継がれていくこと）していくための方策を考えていきたい。

（1）最上級生を手本にして励ます

　最上級生である中学3年生が立派に合唱できる学校は、教育活動全般において概ね安泰と言えよう。合唱は先輩の背中を見て育つようなもので、善循環をもたらすことになる。特に、合唱コンクールや卒業式などの行事で、3年生が素晴らしい合唱を演じることができたなら、1、2年生は、その歌声にあこがれを持ち「先輩のように歌えるようになりたい」と目指すべき目標が明確なものになる。教師は3年生のよさを具体的に示し、それに近づけるため、技術的に向上するには何が必要であるかを示唆していくとともに、精神的な面で生徒同士がどのように協力して、取り組んでいくのが望ましいのかを説いていく。言葉や音楽を通して、生徒と教師が双方向に交信する中で、同じ方向へとベクトルが向き、意欲が高まっていった時に、「善循環」が動き出し、やがてそれが伝統の力の創出に導かれていくのである。

（２）教師の思いや意図を体現し、生徒に投げかける

「やって見せて、やらせて、褒める」という３段方式の指導は、合唱には必要不可欠と言える。まずは「こう歌ってほしい」という気持ちを率直に、言葉や指揮、あるいは身体表現などで生徒に伝える。分かりやすく、面白おかしくアドバイスすることが、この伝え方のポイントである。実際に身体を使い、どんな風に歌えばよいのかを身をもって体験させて、導いていくことが切り口となり、生徒の意欲を喚起するものとなる。ある時は、生徒が笑ってしまうくらいにオーバーなリアクションをする中で、より美しく歌えるヒントやコツを伝え、実践させていく。当然のことながら、そこには教師の技量が必要となってくる。日々研鑽を積み重ね、実践をくりかえす中でつかんだものを生徒に還元していくものである。

（３）生徒と共に学び、感動を味わい、成長する

教師自身が心底、音楽を楽しんでいなければ、その楽しさ、素晴らしさを生徒に伝えることはできない。さらに生徒の感性を育てるには、それぞれの音楽に込められた想いや、メッセージ、曲の生まれた背景などを教師が充分に理解するとともに、それを多感な時期にある生徒たちの心の琴線にどのように響かせていくかを常に考えていきたいものである。教育者である大村はま，その著書である『灯し続けることば』の中でこう記している。「教師の仕事は、生きている子どもたちに生きた知恵を育てることです。そのためには、初々しい感動、新しい命のようなものが、教師の側にないと、子どもを惹きつけられません」。さらに大村は、「何度も読んだ教材、何度も感動した作品であっても、教室に持って行く時は、新しく加わった感動が必要なのです。今日の太陽が昇って、昨日の自分と違う新しい自分がいる。そういう激しい成長力のようなものが子どもを動かします」と説いている。そしてその文章の終わりでは、「人を育てるというのはそういうことです。積み重ねた努力、人柄のよさや研究の深さ、子どもへの愛情、そういったもの何もかもを生かすには、今日の新たな一滴が要

るのです」［大村 2004］と結んでいる。まとめると、教師自身が常に感動する心を失わずに、瑞々しい感性を維持していくことが大切であると綴られている。教師は、心も体もリフレッシュできる時間を大事にしたい。

　（4）生徒の心情に寄り添う

　国際化、グローバル化が進む昨今では、学校教育においても、プレゼンテーションや批判的思考力を重視するあまり、ややもすると自己主張することが強くなり、個人主義に走りがちな世の中を作り出しているように思える。そんな中、学校という同世代の生徒が集うコミュニティ空間において、ともに生活する仲間と真に支え合って生きていく姿を体現できる重要な活動が合唱ではないだろうか。だが一方で、集団行動が苦手だったり、反抗期のため人と同じことをやるのを拒んだりと、反旗を翻す生徒はどこにでも存在する。そのような場合、どのように対処すればよいかというと、3年間という長いスパンの中で、対話を続け、問いかけたり、立ち振る舞ったりしてねばり強く、彼らと対峙していく。そうしているうちに、いつしか想いが通じ合い、心通わせるまでに至ることが多々ある。人と人との信頼関係は日々刻々と変化し、響きあっていくものである。子どもたちに寄り添う気持ちと愛情を持ち続けていくことで善き道は必ず開けていく。

第2節　日本語の特性を生かした歌唱指導
——高校生の主体性を育む日本語オペラの取り組みを通して

1. 生き生きと、自分らしい表現で、聴き手の心に届ける歌を！

　合唱の喜びは仲間と声を合わせてハーモニーを奏でることである。特に中学生、高校生は人前で歌うことに恥ずかしさを感じやすい年代であり、合唱はみんなと一緒に歌うからこそ、その恥ずかしさや苦手意識を乗り越えて、1人では成し得難い歌による表現ができる楽しさがある。でも、その壁をもう1つ乗り越えて、1人でも堂々とステージに立ち、思い切り歌で表現をできるようになったとしたら……？　そして1人ひとりが自分らしい表現を追求し、「自ら進んで表現する」ことができるとしたら、そこで生まれる歌はより生き生きとした表現となって聴き手の心に訴えかけるものとなるのではないだろうか？　また、そのような音楽体験が児童生徒の主体性を育むことにつながるのではないだろうか？　そのようなことを考え、実践したのが、高等学校における日本語オペラ公演の取組であった。

　公演するにあたり、自国語のオペラ作品を公演し「新しい日本のオペラの創造と普及」を目的に活動している「オペラシアターこんにゃく座」（萩京子代表・音楽監督、1971年創立）の中心的な歌役者であり副代表を務める大石哲史（1955〜）に指導を受けた。大石の指導は、それまで私が経験してきた西洋の歌曲を歌うことを主たる目的とした発声法（例えば、歌う時の姿勢や口の開け方、子音や母音の作り方など）とは趣を異にした、いわば日本語の特性を生かした歌唱表現とその指導法といえる。私は大石の指導によって生徒の歌が大きく変わり、自然な歌声で歌詞である「ことば」を語り、生き生きと歌い演じる様子を目の当りにし、このような指導は単にオペラのステージを創ることに留まらず、これからの歌唱・合唱指導を考える上で重要な視点を含むものであると考えた。また、そこには、日本語にふさわしい歌唱表現とはどういうものか、どのような指導法が有効かということに加えて、歌い演じるというオペラの表現スタイルの特性

や総合的な舞台づくりの準備を含めた活動が歌い手である生徒そのものを育て、そのことによって表現が変化していくという側面があるのではないかと考える。

　ここでは、私が高等学校における日本語オペラの実践から学んだ内容と方法について、日本語の歌を歌うための技術的な側面と歌う人づくりという２つの側面から述べ、「これからの音楽教育」を考える視点に立ち、その意義を提案したい。

2. 日本語オペラの取組みを通して──大石哲史から学んだこと

　大石の指導から学んだ重要なポイントは次の通りである。

> ①日本語の「ことば」を大切にし、「ことば」から自然な歌の表現や音色が生まれること
> ②１人ひとりの声の特性を生かし、自然で無理のない発声（柔らかい表情や姿勢から生まれるしなやかな表現）でその人らしく歌うこと
> ③画一的ではなく個に応じた指導でその人なりの表現を引き出すこと

　大石は音楽大学の声楽科で学び、大学卒業後は西洋のオペラ歌手としてのキャリアを経た後、日本人に合った日本語の表現である「よく聴き取れて、内容の伝わる歌唱表現」を追求し、オペラシアターこんにゃく座へ入座した。座の公演では常に中心的キャストとして舞台を務める傍ら、後進の指導や全国各地で歌のワークショップを行っており、そこで培われた指導法は、まずは歌い手のそれぞれの状態から出発した多様なものである。何より歌詞を大切にし、歌詞に込められた情景や心情、メッセージを心から歌い語るとはどういうことか、心と身体をリラックスさせながら、その人なりの表現を引き出していき、結果としてその人が持っている一番良い声が引き出されるというものだ。歌唱表現において、姿勢や呼吸法を学ぶいわゆる「声づくり」は大事な要素の１つではある。しかし、「声がきれ

いか？」「響いているか？」により大きな関心や指導の重点を置くのではなく、その人の気持ちから発した「ことば」で、聴き手に「歌」の内容が伝わるかどうか、歌の本来的な意味を大切に歌い、また聴くことができるように育てたいものだと思う。

　次項では、これらのことを実現するため大石から学んだことをもとに私自身の経験も踏まえ、生徒に実践してきた具体的な指導方法と留意すべきポイントをいくつかの指導事例とともに紹介する。

3. 具体の指導方法

（1）まずは歌詞を読む

　その歌詞の中にある「ことば」が、どういう背景、情景、気持ちのもとに発しているものか、よく考えながら声に出してみる。大勢で一斉に読むとついついいわゆる授業での音読のようになってしまうので、自分だったらこんな時どんな風に声を発するのか？　と考えながら、自分の呼吸と感覚を大事にして、周りにそろえようとせずに、各々で読んでみる。

　この時に陥りがちなのが、感情を込めるあまりに必要以上に抑揚をつけて読んでしまうこと。こういう状況の時に自分はどんなふうに言っているかな？　と考えると、普段の話し方とは違って、不自然な抑揚がついてしまっていることが多いことに気が付く。

　自分が普段何気なく話している時の身体やお腹の状態はどうなっているか？　いつもの自然な声の状態で「ことば」を発することができるようになるまで、まずは繰り返し読む練習をすることが大切だ。

（2）メロディーにのせて歌う

　(1)の練習の次に、あくまでも話している時のお腹の状態や気分を大切にしながら、その延長線上に「ふし」がついていくように、1フレーズずつ読んでは歌うという練習をしていく。「ことば」を読むときに1文字1文

字を細切れにしないで読むのと同様に、音符が1つひとつ切れたりしないように、レガートに歌っていくことはとりわけ重要だ。しかし、最初はあまり立派な響きで歌おうとせずに、むしろ鼻歌を歌うくらいの気軽さで歌った方が、日本語を普段話す時の感覚を保って歌へとつなげていくことができる。

　また、普段通りの気持ちの伴った「ことば」であることを重視することは、そのまま自然な発声と声の「音色」に直結する。しかし、この「音色」においても、こういう「音色」で歌わなければならない、というのではなく、その人ならどういう声、音色になるのか、という部分を大切に引き出していくことが大切だ。もちろん、歌っていく中で、曲のこの部分は頭声的発声での響かせ方をもっと習得したいという部分は出てくるが、その場合には、どの「ことば」のどの音の時に響きにくいのかを丁寧に聴き取り、その部分と似た音の日本語の「ことば」を使いながら、響かせ方を習得していく。

（3）リラックスしている開いた心と身体

　また、(1)(2)のことを実現するためには、リラックスしている開いた身体と心が重要だ。「こう歌いたい」と気負いすぎて固くなったり、緊張したりすることは真面目な生徒ほど多くみられる。そうした状態は、例えば次の①から④のような状態となって現れる。

　　①拍と一緒に身体が動く
　　②必要以上に大きく口を開けすぎる
　　③歌う前に身体が身構えてしまい、歌いだしが遅れる
　　④高音部が出にくい

　これらを改善していく指導としては、心と身体を解きほぐす目的で、例えば以下のような方法で歌ってみるのも効果がある。

　　①寝ころび、思い切りリラックスした状態で歌う。床に身体をあずけて、
　　　まるで自分の身体が液体になって溶けていくように想像しながら歌う。

②何かの動作（例えば、雑巾で床拭きしながら・小走りなど）をしながら歌う。
③低い声でだらだらとした状態で読んだり（歌ったり）、くわえ煙草（のふり）や歯磨き（のふり）をしながら歌う。
④顔を手で覆ってぱっと手を放した瞬間に歌い出す。
⑤一歩前に踏み込んで歌い出す。

　これらのことは当然のことながら、楽しみながら遊び感覚でやっていくことが大切であり、このような過程を経て、開かれた身体と心からその人なりの歌が生まれていくことを数々体験してきた。

4. 経験が人を育て、「歌」を変える！

　以上のような指導を行い、高校の合唱部でオペラ《森は生きている》（林光作曲、2006年・2008年・2012年公演）、オペラ《セロ弾きのゴーシュ》（林光作曲、2010年公演）、《よだかの星》（萩京子作曲、2011年公演）、《ロはロボットのロ》（萩京子作曲、2013年公演）など数々の公演を行ってきた。このような教育現場における日本語オペラの公演は、2004年から東京学芸大学の加藤富美子研究室の自主ゼミによる学生による日本語オペラ公演が活発に行われており、そのような教員養成大学の大学生のパフォーマンスからも多くのことを学び、高校生への実践として実現可能なことを模索してきた。

　これらはそれぞれ短いもので40分程度の歌物語というようなものから長くは2時間以上かかる本格的なオペラであり、高校生にとっては難易度の高いものである。それらを他の活動と並行しつつも数カ月から半年程度の時間をかけ、演技などを自分たちで考えるだけでなく、衣装や道具類の準備など、歌のみならず総合的に舞台を作り上げていく。これらの過程を体験することで、生徒は本番を迎えた時に達成感や成就感が大きく、それらも加味されて高校生ならではのみずみずしいエネルギーと生命感あふれる

ステージとなることを目の当りにしてきた。ステージではどのキャストであっても必ず全員がソロで歌い演じる場面をつくっており、一般の合唱曲ではなかなか味わえないこれらの経験を積むことが自信となって、その後に他の歌曲や合唱曲を歌う際にも生徒の「歌唱表現」に大きなプラスの影響を及ぼすと考えている。

おわりに──生徒の主体性や創造性を育てる歌唱指導を！

「芸術の幅広い活動を通して豊かな情操を養うこと」、単に技能的な面の伸長を図るだけでなく、個々の生徒の芸術に対するとらえ方や考え方を深化させたり、それらを自ら表現したりすること」さらには「創造的な能力を高め」生きる力を育むことにつなげていくことは現行の学習指導要領で芸術科の目標として最も重視されている点である［文部科学省 2009：8］。オペラという総合芸術の舞台を創る過程で、生徒同士の多くのコミュニケーションが必要とされることから、チームワークや主体的な学習態度が育まれるとともに、その活動の過程でさまざまな生徒の思考・判断が行われ、創造的な表現が生まれることは言うまでもない。また、そのような人との関わりやオペラ作品の題材と自己との向き合いから、自己の生き方を考えることにつながる取組としてその教科の重要性を位置付けることもできるであろう。

指導者としては、日本語の特性を生かした歌唱は日本語を生み出すその人の在り様が大切であるという視点を歌の発声技術指導の前に意識を高くもっていたいものだと思う。生徒の主体性や創造性を育てる意味でも、「こうでなければならない」というあるモデルをもって上から引き上げる指導ではなく、1人ひとりの個性が加味されてその表現はその人それぞれの良さが現れるという視点を大切に生徒とともに試行錯誤しつつ積み上げていくという指導のスタンスが大切であろう。将来グローバルな社会で活躍する児童生徒の姿をイメージして、1人ひとりの良さを引き出し、歌唱表現を通して主体性や創造性を育む活動を実践していきたいものだと思う。

引用・参考文献

大村はま『灯し続けることば』小学館、2004年

加藤富美子ほか「日本語をどのように〈うたう〉か」日本音楽教育学会『音楽教育実践ジャーナル』vol. 8、No. 1（通巻15号）2010年

加藤富美子「歌唱指導の指導言を再考する――大石哲史の指導言の位置づけから」『東京学芸大学紀要 芸術・スポーツ科学系 第60集』2008年、pp. 1〜9

加藤富美子「話しことばの持つ総合性をとらえた歌の指導――大石哲史の指導から教えられること」平成16・17年日本学術振興会科学研究費補助金基盤研究（C）『日本の音楽教育学の再構築に関する基礎的研究』（研究代表：山本文茂）2006年、pp. 229〜239

文部科学省『高等学校学習指導要領解説芸術（音楽美術工芸書道）編』2009年

第10章 これからの器楽指導

はじめに

　子どもたちは楽器が大好きである。小学校の場合、合奏の担当楽器を決める際はみな真剣そのものだ。中学校の音楽の授業で出会ったギターがきっかけで、これまで音楽に興味のなかった生徒がバンド活動に目覚めた話もよく耳にする。高校生にもなると、演奏するだけでは飽きたらず、作曲を手がける生徒もいるだろう。また、音楽の授業で普段あまり馴染みのない和楽器に触れ、我が国の伝統文化の良さを知った子どもたちが続々と生まれている。
　本章では器楽活動を通して「ずっと音楽活動をし続ける子ども」を育てる視点を考えたい。

第1節　楽器の特性を生かした器楽合奏の指導

　自称音楽嫌いが「音楽会で楽器が下手だからカスタネットをさせられた」と、当時の音楽の授業をふりかえって話をするのを何度も聞いたことがある。彼らは苦い体験によって自信を失い、音楽から気持ちが遠ざかってしまっている。一方で、仲間と合奏する経験や、お気に入りの楽器との出会いを通して、自分の中に新しい音楽の世界が広がっていくことを感じ、それがきっかけとなって音楽活動を続けているという話もよく耳にする。演奏会での成功体験やそこで得られた達成感は、その子の自信となり次の音楽活動の原動力になっているという。

　音楽と関わり続けるために欠かせない自信を、その子が「自分の努力でできるようになった」と感じる充実感、達成感を味わうことで育みたい。ここでは器楽合奏の場面で子どもの自信につながる視点を提案する。

1.「もっと音楽したい」を育む授業デザイン
　　　——主体的な活動が"もっと音楽したい"を引き出す

　子どもが自ら意欲を持って活動した結果できるようになったり、分かるようになったり、知っていることが増えたりする授業を目指したい。音楽の構成や諸要素の理解や、音楽要素同士の関連で豊かになる表現への気づきも、楽しく活動してこそ育まれる。表現活動を子どもたちの手に受け渡していく接点を以下に紹介する。

（1）子どもが指揮者をする

　指揮を子どもに任せることは、教師にとってかなり勇気のいることかも知れない。しかし、「音楽を先導する指揮者」というあり方ではなく、「演奏をともにつくっていく奏者の1人」と考えることで、授業を子どもたちの手に委ねるきっかけをつくることができる。また、こうすることで教師が、練習の進め方をアドバイスしたり、困っている子どもへの支援をした

りする側にまわることができる。指揮者になった子どもも、演奏のきっかけを合図する役目から、徐々に皆の意見を聞きながら課題を明確にし、解決を目指して練習を進めていく推進役へと育っていく。ここで得られた自信の大きさは計り知れない。

子どもが指揮をすることで変わる授業

（2）学習感想をもとに練習計画を立てる

課題を教師から提示されて取り組むより、自分たちが感じている課題を解決しながらできるようになった方が絶対楽しい。そこでの教師の役割は、子どもたちの学習感想から課題を明確にする手助けをすることと、解決の糸口を子どもたちと一緒に探すことである。

（3）選曲をする

次の活動でどの曲に取り組むかを考えるとき、活動する子どもたちの顔を頭に巡らせ、ワクワクしたことはないだろうか。この楽しさを子どもたちに渡すことも、活動への意欲を高める刺激になる。もちろん好きに曲を選ばせるのではなく、選ぶ視点は明確に示したい。例えば「弾いてみたい旋律がある曲」「音楽室の楽器で演奏できそうな曲」「自分が弾けそうな曲」などである。教師が選んだ曲の中から子どもたちが話し合いや試し弾きなどを通して絞り込むのもよい経験になる。子どもたちは選曲をしながら新しい曲と出会い、また曲を鑑賞する視点も獲得していくだろう。

（4）選曲時や担当楽器を決める前に試し弾きをする

選曲の際、その曲の主旋律を弾いてみると、聞くだけとはまた違った印象に感じることがある。また、どのパートが弾きたいか、どの楽器で演奏したいかを試す時間を設定すると、子どもたちはそれぞれの思いを確かめてから担当楽器を決めることができる。もちろんすぐに弾けるわけではな

いが、こうした時間に弾けそうなパートを見つけたり、お気に入りの楽器に触れたりすることができるのである。

(5) 自分たちで音楽会を開く

音楽会を企画した楽しさが次の活動につながる

音楽会や学芸会などの学校行事で演奏する機会もよい経験になるが、自分たちで演奏会を開くことで感じた充実感は、大きな自信につながる経験になる。また、自分たちで選んだ曲を隣の学級や他学年と披露し合ったり、保護者を呼んで発表会をしたりする「本番」を通して感じた充実感は、音楽活動を続ける原動力になる。本番のみならず、演奏会の宣伝を工夫したり、休み時間などに突然演奏会を開いたりするワクワク感は、きっと学校での音楽のあり方をも変えていく力になるだろう。

2. その楽器を「お気に入り」にするポイント
—— 子どもたちがその楽器の魅力を感じるポイント＝楽器の個性

子ども1人ひとりが違うように、楽器にもそれぞれ個性がある。その個性を知ることでそれぞれの楽器がより一層魅力的に見えてくるものである。いくつかの楽器を挙げ、子どもたちが魅力を感じるポイントを紹介したい。

(1) 鍵盤ハーモニカ

高学年になるにつれ敬遠されがちな楽器だが、これほど旋律を魅力的に奏でることのできる楽器はなかなかない。息づかいで変わる音色。時おり入れる装飾音で豊かになる旋律線。合奏の中でソロを用意するなど、高学年ならではの使い方ができる楽器である。

（2）リコーダー

　手の中に収まる身近な楽器だが、自在に扱えるようになるには少々忍耐が必要な楽器である。楽しく練習を継続する工夫がものをいう。既知の短い曲のレパートリーが増えたり、二重奏ができたりすると楽しさは倍増する。授業の中でも毎回、今取り組んでいる曲から、これまでに取り組んできた曲をすべて演奏してみる。今練習している曲は吹けなくても、通し終えた時の「吹けた」という感覚を、新曲に取り組む意欲につなげたい。
　さらに、学級内で自分が得意なレパートリーを披露する会を開くのもよいだろう。子どもたちは、巷に流れている曲を探り吹きしながら演奏できるようになると、聞いてもらいたくてうずうずしてくるものである。

（3）マリンバ

　長いマレットのせいで、無責任に音を出しがちな楽器だが、子どもたちは一度マリンバ特有の奏法のコツをつかむと、自分の出す音に耳を傾け表現を工夫するようになる。例えばトレモロを使って旋律線が途切れないように演奏できたり、叩く位置に注意して余韻のある和音を合奏の中で響かせられたりできることが、そのきっかけになるだろう。

（4）グロッケン

　合奏の中で一番高い音を出すため、透明感のある音を出すことにこだわらせたい。グロッケンは、マレットと音盤が触れている時間を極限まで短くすると、透き通った心地よい音を出すことができる。これは、トライアングルで濁りのない澄んだ音を出す時にも応用できるポイントである。

（5）シンセサイザー（電子オルガン）

　手軽に様々な音の出せるこの楽器は、合奏やバンド演奏に欠かせない存在になっているが、奏法の工夫でこの楽器の良さをさらに引き出すことができる。例えば旋律がなめらかにつながって聞こえるよう、前の音と少し

重ねて弾くようアドバイスしたり、より豊かな表現をするために、歌詞のある旋律の場合は歌詞の区切りに合わせて弾いてみたりするとよいだろう。

また、あらかじめセットされた音を使い慣れてきたら、少し調整をして音色に変化を与えてみたい。コーラスやリバーブの値を変えることで電子音を和らげ広がりのある音色に変化させることができる。ただ、もとになる音色を選んだり、様々な音色を重ねたりすることはセンスの問われるところである。教師がよく教材研究をして、曲に合う音のイメージをつかんでおく必要がある。ハーモニカの音色にするかアコーディオンの音色にするか、フルートの音色か口笛の音色か、曲に合うホーン・セクションの音質はどれか、キレのよいベースはどの音かなどを事前に探し、セットされている音色を教師がつかんだ上で、子どもと音色を決めていくようにしたい。

合奏する際にはそれらの音をどのオクターヴで演奏するかも重要なポイントである。これについては教師が全体のバランスをみて案配する必要がある。特に和音パートと旋律線がかぶってしまうと、主旋律が浮き立ってこない。また、ベース音の音域が高すぎても広がり感がない合奏になってしまう。

（6）打楽器

打楽器がタイミングよく入ってくる演奏は何とも心地よい。打楽器が演奏を生き生きとさせるための鍵を握っていることを、子どもたちにぜひ伝えたいものである。子どもたちは基本的なリズムパターンを知ることで、大いに演奏を盛り上げてくれるだろう。

左から、コンガ、ボンゴ

①コンガ／ボンゴ

奏法の詳細についてはそれぞれの教則本に譲るが、これらの楽器のリズムパターンを叩けるようになると、様々な曲でそのリズムを生かすことができる。どちらの楽器も、乾いた響きが

するくらいに皮を強く張ると合奏の中でその音色が生きてくる。

②クラベス／カバサ／シェーカー／ギロ／ヴィブラスラップ／ウインドチャイム

これらの小物打楽器は演奏のアクセントとして大変有効である。楽器の数だけ人数を配当するのではなく、数人でその都度持ち替えながら担当すると演奏していて楽しい。曲をよく聴きながら、自分の出す音が音楽の中に位置づいている実感を味わってほしい。

上段左から、クラベス、カバサ、ギロ
下段左から、シェーカー、ヴィブラスラップ

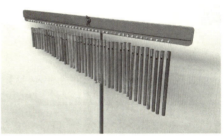

ウインドチャイム

③ドラム

基本の8ビートが叩けるようになり、合奏のテンポを保持できるようになったら、フィル・インを入れていきたい。コツがつかめるまで、何度も繰り返しみんなでその部分をつきあって練習をすることで、演奏にまとまりが生まれてくる。

よい演奏は、「うまくいかない」をどのようにして練習に生かしていくかにかかっているのだろう。

第2節　楽器の特性を生かした和楽器の指導

和楽器を用いた音楽授業を進める上でのポイントやコツをコラムで挿入しながら、「児童が喜びをもって取り組み、基礎的な技能を身につけ、気が付いたら楽器の特性を理解し、生かした表現活動ができるようになって

いた！」という和楽器を用いた楽しい音楽授業を提案する。

　もう一点欠かせないのが、和楽器や郷土芸能などの授業を行った時に見られる、児童の人間的成長である。単に和楽器のよさがわかればよい、という視点ではなく、これらの教材自体がもつ人を育てる力を活用する視点も盛り込み、音楽科教育の中で行う和楽器指導の価値を述べたい。

1. 楽しい和太鼓の指導

和太鼓の授業の醍醐味

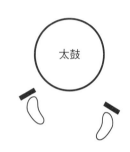

図1　足を置く位置にテープを貼る
出所：[『教育音楽小学版』2009]をもとに作成

　体を開き、心を開き、腰を割って、集中して和太鼓を打ち込む。「轟き」が、子どもの体も心も包み、どの子も和太鼓の世界に入り込んでいく。唱歌(しょうが)で応援するまわりの子どもたちも一体となる。

（1）授業前の準備

○教材とする太鼓の唱歌を、模造紙等に大きく書いて黒板に掲示する。
○椅子・机などを片付け、太鼓を設置し、足を置く位置に、ビニールテープ等で印をつける。

（2）和太鼓の授業の導入に欠かせない指導

○「牛の命」「木の命」が注がれた楽器である。
　→打たせていただく、という気持ちで真剣に打とう。

○手のひらで鼓面をさわらない。
　「尖ったもの」と「水」も厳禁。
○バチの握り方。
A：一般的な握り方。
B：絶対に飛んでいかない握り方。
各自、どちらか握りやすい方で。

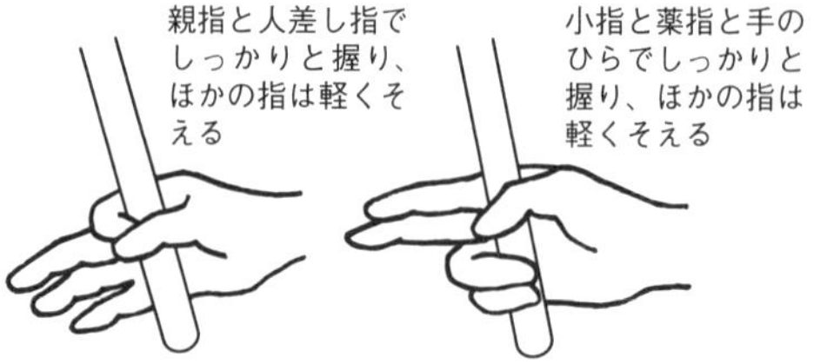

図2　バチの握り方
出所：[『移行期資料指導案』2009]をもとに作成

（親指と人差し指でしっかりと握り、ほかの指は軽くそえる）
（小指と薬指と手のひらでしっかりと握り、ほかの指は軽くそえる）

（3）展開 1

①体をほぐす。（ストレッチ、開脚屈伸は特に重要）
②バチをもって、握り方を学習。（バチが全員分ない場合は、握ったつもりで一斉指導。途中交替しながら、全員が握りを体験する。）
③太鼓の前に立って下の1～5を行う。

図3　腰を割って打つ効果的な指導法
出所：[『教育音楽小学版』2009]をもとに作成

　まず、足を置く位置を決め、上記の1～5を行うことで、全員が体が開く。体が開くことで心も開いて、大きな声が出るようになる。唱歌を大きな声で唱えながら打っていくことにより、和太鼓の音楽様式が理屈抜きに子どもの体に入り、いい太鼓が打てるようになる。唱歌は、子どもたち相互の心をつなぎ、個と全体を高めていく要となる。

教材はシンプルなものを

　導入は「ぶち合わせ太鼓」「三宅太鼓」等がお薦め。特に「三宅太鼓」はシンプル。横向きに置いて打ち込む太鼓だが、初心者は据え置きから始めるのがコツ。本質はシンプルな、誰にでもできる活動の中にある。

　上記の①～③は、どんな太鼓の授業でも共通して行うことが有効。
授業計画例を「三宅太鼓」を例に示す。

（4）展開 2 「三宅太鼓を打とう！」

【ねらい】

1つのリズムをくり返すことで表現する「三宅太鼓」を打つことで、和太鼓の基礎的な技能とアンサンブルの力を身につけるとともに、友だちと心を通わせながら自己表現する喜びを味わえるようにする。

【三宅太鼓の唱歌】

‖・　L　　R　　　L R　・‖L R L　R　R L　R R L　R　R‖
‖・ツク ドン ツク ドン ツク ドンドン ・‖ドドンガ ドンドン スッテ テッコ　ドンドン‖

→「ツク」では、両手を真上に上げて、腰を割ったままバチは天を突きさすようにする。

→唱歌を大きな声で唱えながら、空打ちで手の動きを覚えてから太鼓で。

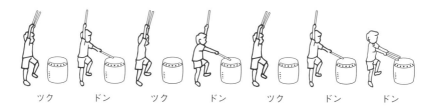

ツク　　ドン　　ツク　　ドン　　ツク　　ドン　　ドン

図4　据え置きの太鼓での指導法

出所：筆者作成

ツクの構え

・全員が据え置きで打てるようになったら太鼓を横向きに置き、更に腰を割る。
・繰り返し打って慣れる。地打ちと合わせて打てるようにする。
・2回打ったら交代するなどルールを決めて、両面から打ち込む。片面が地打ちとなるが、授業では締め太鼓等で行ってもよい。

♪地打ちの唱歌

ドンコドンコドンコドンコ…（♪♪♪ ♪♪♪…）

まわり打ちの交代の仕方：「ドドンガドンドン」を打ったら抜けて「スッテテッコドンドン」から次の人が入る。

時間の許す限り、どんどん周り打ちをしながら、三宅太鼓を打って楽しむ。

（5）発展：ステージで演奏発表をする場合

★始めはゆっくり⇒序々に速く⇒とても速く！
★最後の1回を打ったらそのまま静止する。⇒余韻と大きな拍手が得られる。

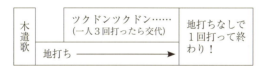

※木遣歌
（音頭）♪ぽつぽ〜つ　打ち込〜みま〜す〜　（全員）こ〜りゃ〜　威勢〜よ〜う〜　や〜れ〜

2．楽しい三味線の授業

三味線の授業で何を感じ取らせ、何を身につけ、何を育てるか？

　三味線といっても「細棹」「中棹」「太棹」とあり、ジャンルによっても表現は多様である。一部の特殊な流派を除き、三味線全体に共通した魅力、それは「サワリ」の独得な響きといえよう。日本の気候・風土・文化の中で長い年月をかけて工夫されてきた「サワリ」の心地よい響きを鑑賞と表現の活動を通して、価値あるものとして認識させたい。

- 「サワリ」とは、一の糸が棹にほんの少しだけ触れるように細工を施すことによって生まれる「ビ〜ン」という独特の響き。
- 《こきりこ節》の伴奏で三味線導入

「構える」だけで大変、「勘所を押さえる」のが大変、「バチをもつ」のが大変な三味線。しかし、「バチはバチッと！」と題して、開放弦を打つだけで導入できる民謡の伴奏はどの子にもすぐにできて、楽器の本質に迫ることができる。二挺の三味線の用意と調弦ができれば、実践可。

（1）授業前の準備

○三味線を用意する。初挑戦の先生は、二挺での授業がやりやすい。
※中棹の三味線を使用。細棹でも可。合皮ではなく犬皮を買うことが重要。音色がよく、楽器を大切にする心も育つ。値段はほぼ同じ。

出所：筆者撮影

○胴に滑り止めのゴムを貼っておく（ひざゴム、手ぬぐいは授業には不向き）。

○本調子に調弦する。

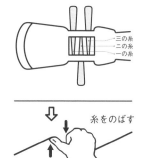

○糸巻きはギュッと押し込んで固定する。
○授業で使う日は朝調弦し、糸をしごいておく。

（2）展開 1

○《こきりこ節》を覚えて歌う。
歌詞譜を黒板に貼っておく。

[こきりこ節の歌詞譜（手書き）]

○歌い始めの音は一点ホ（本誌の三味線の調弦の場合）。
○導入は手拍子かCDに合わせて。

（3）展開 2

「今日は、《こきりこ節》の伴奏を弾けるようになるのが目標です」
・三味線を構えて3本の糸を同時にバチッ！　と弾く。できそうですね。
・1人ずつ前に出てきて弾いてみましょう。
・<u>1人ひとりが実際に弾けるのは1〜2分だから、友だちが弾く様子を見て、しっかりと学びとる</u>ことが今日のポイントです。
　　↑これが重要。

○前に出てきたら三味線の構え、バチの握り方を教える。
①トップバッターの2人をモデルにして、構えを先生が丁寧に教える。
②構えができ、バチがもてたら、「イーヤ!!」「バチッ!!!」。

軽く握りこぶしをつくって、力を抜いた形で自然に握り、小指と薬指の間にばちの後ろの方をはさみます。ばちの重さを利用して力を入れないで軽く持つように練習しましょう。

出所（左右とも）：『大きな写真でよくわかる 和楽器指導図集』2005

⇒教室中が緊張感のある空気と三味線の音色と余韻に包まれる。

③「シャンシャン・シャン」（♩ ♩ ♩ ♩）のリズムで3本いっしょに弦を打ち、それにのって《こきりこ節》を他の子どもたちが歌う。

④二番目のチームからは、弾いた子が先生になって次の子に教える。

（4）発　展

上記①〜③は、長唄や現代邦楽等で三味線を使用する際も導入として有効。始めから旋律を弾かせようとすると、勘所を探すため、姿勢やバチも崩れ、たどたどしく旋律を追うだけの授業になる。以上の基本ができれば、後の発展的な授業は容易に展開できる。

民謡の授業への助言。明るくリラックスした雰囲気をつくる。手拍子もお薦め。

エア三味線のトレーニングは有効！　背筋を伸ばし、前を見て、「バチはバチッ！と」を合言葉に。

長唄等、旋律を弾く指導の導入は、2人一組が有効。
バチに集中する子と、勘所に集中する子。うまく
いったら1人で挑戦！

三味線と長唄もセットで指導。

和太鼓・三味線・箏のよさを生かした現代邦楽合奏は、子
どもの心をつかむ。

3. 楽しい箏の授業

音楽の授業で箏を用いる利点

○美しい音色が、現代の子どもの心をとらえる。

○平易に演奏できるため学習の達成感が得られやすい。

○教え合いや工夫がしやすく、児童のコミュニケーションが広がる。

（1）授業の前に指導者が知っておきたいこと

調弦

わらべうたの調弦

《さくらさくら》の調弦（平調子（ひらちょうし））

＊3人でアンサンブルをする場合は、1の糸は1オクターブ下げるとよい。

第10章　これからの器楽指導

【基本的な奏法】

3つの約束

①斜めに座って構える（山田流ではまっすぐに座って構える）。

②薬指を竜角にかけて支える（山田流では、竜角の上に乗せる）。

③弾いたら次の糸で止める。

柱の立て方・外し方

右手で糸を少し持ち上げて

左の写真のように糸の間から指を奥まで入れて、柱下の方をしっかりともつ。左手で糸を少し持ち上げたりして、柱倒しをしないように気を付ける。

柱の正しい持ち方

「日本の伝統的な音楽のよさを知覚・感受できるようにする」「音楽づくりの表現媒体として自由な発想で用いる」「旋律楽器の1つとして合奏に用いる」等、何をねらって箏を用いるのか教師が明確に認識していることが重要。上記の基本はいずれの授業でも必須。

（2）授業の実際――3人に一面の箏で

3人で一面のアンサンブル

★一面しか箏がない場合

　Bパターンで、伴奏とオブリガートのみ、希望する子どもたちに順番に伴奏させる方法は有効。弾き始めの糸十、八、五にそれぞれ色をつけておくとよい。

出所（p.162全て）：[『大きな写真でよくわかる 和楽器指導図集』2005]

第3部　音楽科教育の実践

Aパターン。左より①主旋律、②伴奏、③歌い手

Bパターン。
左より①主旋律、②オブリガート、③伴奏

Aパターンの例

①	七六七六七七七ー七六七六六七七ー
②	ニーーーニーーーニーーーニーーー……
③	たこたこあがれーてんまであがれー

※伴奏の二の糸、一の糸は、爪を使わず、中指か薬指の腹で弾くようにする。

Bパターンの例

※一面の場合は、箏を児童の前におき②かざり③伴奏のみを行う。

※「かざり」は、わらべ歌では、「九十斗為巾」の糸を用いて、自由に工夫できる。

(例)・為　為斗　為　ー

　　・十　斗為巾　ー

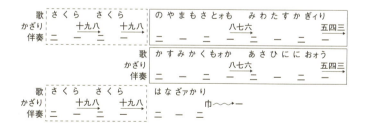

★ワンポイントアドバイス

♪さ〜とーも（七ー八七六）♪かーぎーり（五ー五四三）などは、平調子の最も美しい音形である。先生自身がその美しさをよく味わって弾くこと

が重要。一音一音心をこめて弾けるようになったら、ぜひ子どもたちにも投げかけましょう。

おわりに

限られた紙面の中で、和太鼓・三味線・箏のみの紹介となった。いずれにしても、まず教師自身が和楽器と真剣に向かい合い、音色・音階・余韻等の美しさを実感することが第一歩である。どんな子どもでも確実にできる活動を通して、喜びと感動をもって和楽器の本質的な良さを感じとらせてほしい。

和楽器は、現代を生きる子供の心をとらえる。

参考文献

『移行期資料指導案』教育芸術社、2009年

『大きな写真でよくわかる 和楽器指導図集』全教図、2005年（掛図）

初等科音楽教育研究会編『最新 初等科音楽教育法——小学校教員養成課程用〔改訂版〕』2011年

山内雅子「民謡を歌う楽しい授業（これならできる！ 初めての日本音楽の授業 第7回）」『教育音楽小学版』音楽之友社、2009年7月号

山内雅子「和太鼓導入の授業（これならできる！ 初めての日本音楽の授業 第8回）」『教育音楽小学版』音楽之友社、2009年8月号

山内雅子、大原啓司編著『授業や音楽会ですぐに使える 楽しい箏楽譜集〈CD付き〉』音楽之友社、2011年

第11章 これからの音楽づくり・創作の指導

はじめに

　日本における創作学習は1980年代以降、創造的音楽学習（Creative Music Making：CMM）に関する海外の書籍の邦訳出版、研究者による理論的研究、先導的な教師を中心とする積極的なCMMの実践的研究等が蓄積されてきた。CMMの広がりに伴い、現在の創作学習では、従来のリズム創作や旋律創作を超え、多様な様式の音楽を対象とする教材化が試みられている。

　自由に音を操ることができ、１人ひとりのオリジナリティが尊重される創作活動は、児童生徒にとって主体的に取り組める楽しい学びである。一方、児童生徒の主体的な取り組みを促すために、教師には既成の楽曲の演奏指導以上に題材や指導法の工夫が要求され、かつ真摯な気持ちで子どもと共に音の探求者になることが求められる。本章では、小中学校における創作活動に関して、創作活動の種類や対象となる多様な表現のタイプ、効果的な指導法、音楽の構成等について検討すると共に、現代の子どもや若者に身近なJ-POPの旋律創作に関する具体的な指導方法を提示する。

第1節　子どもの表す力と聴く力を拓く音楽づくりの指導

1. 音楽づくりの用語と種類

　小学校における創作活動は、2008年改訂の第8次小学校学習指導要領から音楽づくりが正式な名称となった。同解説音楽編では、音楽づくりは、「児童が自らの感性や創造性を働かせながら自分にとって価値ある音や音楽をつくる活動である」［文部科学省編 2008：18］と定義され、同時に既存の作品を創意工夫して表現する活動は含めないことも明記された。
　創作が音楽づくりに変わった背景には、日本の音楽教育に公的にCMMが導入された歴史的経緯に関係している。
　欧米で1960年代から行われていたCMMは、1980年代初頭に日本に紹介されて以来、先導的な教師によってCMMの実践的な取り組みが行われるようになった。そして1989年改訂の第6次学習指導要領において、表現領域に「音楽をつくって表現できるようにする」活動が導入された。この活動が次第に音楽づくりと呼ばれるようになり、約20年の歳月を経て、小学校の創作活動が音楽づくりの名称に変更されたのである。
　即興や経験創作によって児童が自ら創意工夫して音楽をつくり出す音楽づくりの導入当初は、現代音楽的な手法が強調されていたが、次第に諸民族の音楽、日本の伝統音楽、J-POP等日本や世界の多様なジャンルの音楽を吸収しながら内容的な拡がりを見せてきた。
　表1は、様々な音楽づくりを大別したものである。表現の巧拙に拘泥せずに即興的活動を楽しむⅠの音楽遊びに対し、ⅡからⅤの音楽づくりは、表現の推敲を含む一定の時間を要する活動と瞬時の即興表現の両者を含んでいる。音楽遊びは、音楽づくりの導入としての意味だけではなく、音楽づくりの即興表現と重なる活動も少なくないため、表1には音を聴いたりつくったりする音楽遊びも加えている。

表1　音楽づくりのいろいろ

種類		遊びや表現のタイプ		活動例
Ⅰ．．音楽遊び	A　音を探したり・聴いたりする音楽遊び	1	目を閉じて短時間集中して音を聴く遊び	音当て遊び
		2	聴き取った音をまねたり数えたりする遊び	音まね遊び
		3	動きながら音を聴きとり表現する音楽遊び	動いて鳴らそうトーンチャイム
	B　音を創り、表す音楽遊び	1	具体物や想像上の音を描写する音楽遊び	未来（時計・乗り物）ってどんな音？
		2	動き・視覚・ことばとかかわる音楽遊び	つり人形（布・紙）の動きを音で表現
		3	様々な音具や楽器を工夫して音で表現する遊び	自然の音具（木片・石・水等）や日用品による音表現
		4	音・音楽やリズムを工夫する遊び	オスティナートを重ねて
Ⅱ．．音楽外の刺激による音楽づくり	C　動きと音による音楽表現（運動刺激）	1	音・音楽に合わせた踊りや身体表現	音・音楽を動きで表現しよう
		2	動きに合わせた音楽表現	動きを見ながら音鳴らし
		3	動きを伴う歌や音楽表現	歌って動いて
		4	動きによる音楽の要素や構成の表現	カノンの動き／動きと音で四季を表そう
	D　絵や映像による音楽表現（視覚刺激）	1	聴いた音・音楽の図形的・絵画的表現	音を絵（図形）にしよう
		2	つくった音楽の楽譜化（図形楽譜、リズム譜、五線譜等）	音楽を図形楽譜で表そう
		3	絵・絵本・写真・イラスト等による音楽表現	絵（絵本、写真等）による音楽づくり
		4	動画による音楽表現	映像に合う音楽づくり
	E　言葉にかかわる音楽表現（言語刺激）	1	俳句や短歌による音楽表現	俳句（短歌）による音楽づくり
		2	言葉や詩による音楽表現	オノマトペによる音楽づくり
		3	朗読と音楽による表現	登場人物（事物）や場面に合う音楽づくり
Ⅲ．．多様な音素材にによる音楽づくり	F　体の音による音楽表現	1	さまざまな声による音楽表現	声のアンサンブルづくり
		2	手拍子等の体でつくれる音による音楽表現	手拍子音楽づくり／ボディー・サウンズづくり
	G　環境音・音具・楽器・PC等による音楽表現	1	環境音や音具や手づくり楽器による音楽表現	自然の音素材（石・水等）で音楽づくり
		2	特定の音具や楽器に限定した音楽表現	食器や紙や音が出るおもちゃ等による音楽づくり
		3	さまざまな楽器による音楽表現	音楽による時代の流れの音楽づくり
		4	電子楽器やコンピュータによる音楽表現	コンピュータで音楽づくり
Ⅳ．．多様な音楽様式による音楽づくり	H　日本や世界の音楽が素材の音楽表現	1	特色ある歌や踊りの自由な表現	みんなの阿波踊りづくり
		2	特徴的な音楽的要素・仕組み・雰囲気による音楽表現	ケチャづくりをしよう／太鼓音楽づくりをしよう
		3	特色ある民族楽器による音楽表現	世界の竹の楽器で音楽づくり
	I　ポップスやジャズ等の音楽表現	1	循環コードやリフ等による音楽表現	J-POP風の音楽づくり
		2	ポップス系のビートによる音楽表現	ラップ音楽づくり
		3	ブルースコードやジャズ風の音楽表現	ブルースやジャズ風の即興演奏の楽しみ
		4	モードによる音楽表現	いろいろなモードによる音楽づくり
	J　現代の音楽の手法による音楽表現	1	繰り返しやズレによる音楽表現	音のパターンを重ねた音楽づくり
		2	新しい奏法の工夫や現代音楽の奏法による音楽表現	新しい音の出し方を工夫する音楽づくり／ピアノの内部奏法による音楽づくり
		3	音列や偶然性による音楽表現	いろんなチャイムや時計等で音楽づくり
	K　総合的な表現	1	歌唱教材による音楽劇	ミュージカルづくりの楽しみ
		2	情景・心理状況・物語と音楽表現	喜怒哀楽を音で表現しよう
		3	創作オペレッタや創作ミュージカル	みんなのオペレッタづくり
Ⅴ．．音楽の構成要素による音楽づくり	L　即興表現（含む即興演奏）	1	リズムや旋律の模倣・問答・即興表現	ロンド形式でリズムや旋律の即興表現
		2	メロディーの模倣・問答・即興表現	日本のメロディーで即興演奏
		3	音の重なり（和音を含む）で即興表現	薄い音＆厚い音
	M　リズム創作・旋律創作や自由な音楽づくり	1	リズム創作	リズム創作の楽しみ
		2	歌詞のある旋律創作	想い出の曲づくり
		3	形式的にまとまりのある旋律創作	2部（3部）形式の曲づくり
		4	自由なアンサンブル表現	友だちの曲でアンサンブルの工夫

第11章　これからの音楽づくり・創作の指導

2. 音楽づくりの題材構成

表1に音楽づくりの種類や表現のタイプ等を示したが、音楽づくりは総合的な性格をもっているため、実際の活動では複数の項目に関わる題材も少なくない。また授業で取り上げる以上、どの種類の音楽づくりでも、何らかの音楽の構成要素が学習のねらいになるのは当然のことである。

音楽づくりの題材構成に関して、以下のような点に留意したい。

（1）つくる音楽の種類や表現のタイプの明確化

音楽づくりの種類や表現のタイプ等について、教師が意識的に把握していないと、子どもは音楽づくりの方向性を見失う。教師は、音楽外の刺激、音素材、音楽様式、音楽の構成要素のいずれの窓口から音楽的アイディアを求める音楽づくりなのかということを明確に示さなければならない。とりわけⅡの「音楽外の刺激による音楽づくり」では、単に効果音の工夫に留まることなく、子どもが音楽外の刺激から音楽の全体構成につながるアイディアや音楽の仕組みを考えられるような助言を行う必要がある。

（2）いろいろな音素材の工夫

音素材には、既成の楽器（独創的な使い方を含む）、手づくり楽器（子どもの創意工夫による楽器）、音具（日用品や廃物等音の出る物）、環境音（自然や暮らしの音）、人間の声や体で創り出せる音（言葉を含む）等がある。

音楽づくりでは、子どもがこれらの音素材を駆使して、独創的な発想で音楽をつくることになる。教師の側で音素材を用意するだけでなく、子ども自身にも音素材を探させることが大切な学びの1つになる。豊かな音体験なしに豊かな音楽づくりを行うことは難しい。音楽づくりの前提として、日頃から子どもの音に対する感性を磨くように誘うことが、質の高い音楽づくりにつながる。歌唱や器楽等の活動はもちろんのこと、日常生活の中での音体験の機会も大切である。音への関心を高めるような音楽遊びを授業で取り上げるのも良い音体験になる。特にファンタジーの世界で生きて

いる低学年の場合、音を発見する遊びや効果音づくりの遊び等も、子どもの音への気付きや音素材への関心を育てる上で効果的な活動になる。

（3）教師自身の音楽観の拡がり

音楽づくりに効果的と思われる動き・視覚的・言語的な刺激を発見するには、教師自身が充実した文化的な体験を重ねることが大切である。絵画や映画や演劇やスポーツ等を鑑賞していても、音楽づくりに活用できるアイディアを思いつくことがある。また様々な様式の音楽を先入観にとらわれず公平に聴く姿勢をもつことや、「生の音楽」体験の機会を増やすこと等によって、教師自身の音楽観が拓かれる。文化的な遊びによって洗練された教師の幅広い音楽観と創造的なセンスは、新しい音楽づくりの題材を開発する上で、生きてくるに違いない。

3. 効果的な音楽づくりの指導法

子どもが楽しみながら音楽づくりの学習に取り組めるようにするためには、様々な指導の手立てを工夫する必要がある。

（1）無理なく音楽づくりに誘う指導の工夫

できるだけ音楽の技能的な壁を取り払い、子どもに無理なく音楽づくりに取り組ませるには、次の①から④は効果的な指導方法である。

①歌唱や器楽の活動と関連づけて音楽づくりを行う。

歌唱や器楽との関わりでは、曲名に関連づける方法と歌唱や器楽の楽曲の特徴からヒントを得て音楽づくりに発展させる方法がある。前者では海、山、時計等が曲名になっている曲の歌唱の後に、曲名と関わる刺激から得た音楽的アイディアで音楽づくりを行う。例えば、海と関わる波を刺激として山型や谷型の音型を重ねる音楽的アイディアが生まれるかも知れない。また後者では、歌詞の中のオノマトペや外国語の響きを構成したり、器楽

曲のリズムやメロディーの一部を発展的に構成したりすることもできる。

②取り組む音楽づくりに関連する音楽遊びを体験させる。

　前述したように音楽遊びと音楽づくりは親子のような深い関係にある。音楽づくりで取り組む表現に直結する音楽遊びを体験してから音楽づくりに移行すると、子どもは無理なく音楽づくりの活動に取り組める。例えば、自分の名前を工夫して表現する音楽遊びから言葉や声による音楽づくりに発展させること等である。

③モデル作品を演奏する。

　音楽づくりの前に、取り組もうとしている同タイプの作品を表現することで、子どもはどのような音楽表現を目指してつくるのかを、的確に把握することができる。この場合、既成の作品を活用できるが、子どもの実態を熟知している教師自身の手によるモデル作品にかなうものはない。**譜例1**はオノマトペによる音楽づくりのモデルの作品例である。

④鑑賞と関連づける。

　鑑賞は子どもと音楽との貴重な出会いの場である。子どもにとって未知の諸民族の音楽や現代的な語法による音楽づくりを行う場合、鑑賞体験がつくる活動を支えてくれる。音楽づくりの事前・最中・事後のどの段階に鑑賞を位置づけるかによって、音楽づくりへの影響も異なる。この場合、最も大切なのは、つくる活動の参考曲であっても、文化的文脈を捉えてしっかりと作品として鑑賞させることである。

（2）作品の全体構成と音の入れ方・重ね方のアイディア

　表1（p. 167）のⅢやⅣのように、ブルースやケチャ等様式や構造が明確な音楽以外の自由な音楽づくりでは、音楽の全体構成として、「ア：変化させながら、いくつかの部分をつなげる構成（例：A〜B〜A'〜、A〜B〜A〜C〜A〜）や「イ：少しずつ反復・変化しながら連続する構成

譜例1 「十力の金剛石」のオノマトペ

作：島崎篤子

※この作品は宮沢賢治の短編「十力の金剛石」に登場する霧のオノマトペ（「ポッシャリ」「ツイツイ」「トントン」）と雨のオノマトペ（「ザザッザ」）を構成したものである。

〈音の入れ方・重ね方のアイディア例〉

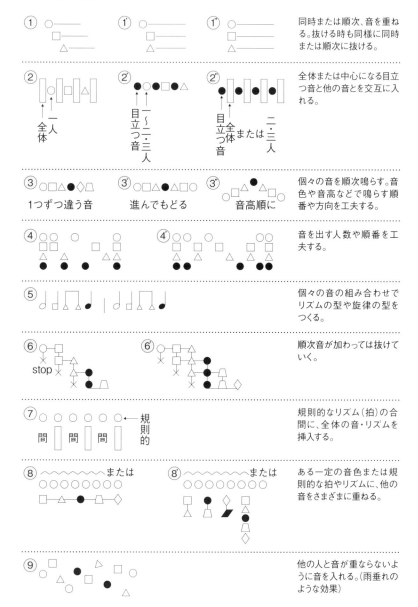

図1　音の入れ方・重ね方のアイディア例

（A～A'～A"～A'"～）等が考えられる。特にアの全体構成の各部分には、図1のような「音の入れ方や重ね方」に関する音楽の構成が考えられる。授業に際しては、これらのアイディアの図を提示したり、子どもの発想から出た新しいアイディアを教師が図示して全員で共有したりすると、音楽の構成に対する子どもの認識や実際に音楽をつくる際の構成力を高めることができる。

（3）これからの音楽づくりのために

音楽づくりにおいて最も大切なのは、小さな華奢な音にも耳を澄まして、真摯に音に向き合い、様々な音を探求しながら自由に音楽表現する喜びを子ども自身が感じ取れるようになることである。

近年、音を音楽へと構成する力の育成が強調されているが、たとえ子どもの作品の音楽構造が稚拙であっても、音楽づくりのプロセスの中で、子どもが真剣に音と向き合い、仲間と共に懸命に音楽づくりに取り組んだ時間そのものが価値ある学びになる。

音楽教育の目的は、プロの音楽家を育てることではなく、「聴く耳」をもつ優れた聴衆を育てることであり、それによって結果として日本の音楽文化の発展を支えることになる。

多様な学習活動を総合的に扱うことができる音楽づくりは、子どものトータルな音楽的成長を促し、子どもの表す力と聴く力を育む。音楽づくりの学習活動は、表現と鑑賞を音の糸で結ぶ豊かな音楽学習活動であり、未来につながるこれからの音楽教育の核になり得る学びといえるのである。

第2節　生徒の音楽生活を活かした創作の指導
―― J-POPの音楽構造に基づいた旋律創作方法

中学・高校生の多くにとって、音楽を「つくる」ことは日常的な行為ではない。ほとんどの中学・高校生の音楽生活は、「聴く」こと、「歌う」ことによって営まれている。

電車の中を見渡せば、多くの中学・高校生が携帯用音楽プレイヤーで音楽を聴いている。彼らは、帰宅してからパソコンやスマートフォンを用い、インターネットを介して音楽視聴をするかもしれない。カラオケで歌うこともあるだろう。一方、音楽を「つくる」高校生は全体でみても少数である。だが教育的観点からみれば、「つくる」ことは音楽について学ぶ上で重要な側面（音楽の仕組みを知る・演奏する）を兼ね備えた意義深い活動であり、音楽科のカリキュラムにおいても重要な位置を占めているのである。

本稿では、中学校・高等学校の音楽科における創作の方法について、冒頭で述べたような生徒の日常的な音楽生活との関連を踏まえ、そこから浮かび上がる課題点を考察し、新たな可能性として「生徒の多くが親しむ音楽＝J-POP」の音楽様式に基づいた創作方法について紹介したい。

1. 音楽科における創作の考え方

音楽科における創作は、つくる過程を大切にする活動だといえる。生徒は、つくる過程を通して音楽の仕組みを理解し、試行錯誤しながら表現したい意図を音楽に具現化していく。教師は、生徒が音楽をつくる過程を育み、支援する役割を担っている。

創作の方法は、どのような音楽能力のレベルにある子どもであっても活動に参加できることを必須条件とする。方法はおおまかに次の2つに分類できる。

　①使う音を限定する方法や、言葉の抑揚を活かした方法等、言葉や音階等の特徴を活かして旋律をつくる方法
　②音楽的なアイデアを用いて、反復・変化・対照等の構成の工夫によって音楽をつくる方法

なお、①は中学校学習指導要領の2.内容A表現(3)の創作の指導内容における事項アに、②は事項イに相当する。高校の学習指導要領ではこれらに加え、和音や伴奏をつける、編曲を行う等の発展的内容がみられ、いずれも系統的に学習できるようカリキュラムが構成されている。

さて、これらの創作方法は、基本的にその音楽的内容が学術的に明らかにされている音楽様式に基づいている。例えば、民俗音楽や現代音楽、ジャズ等における音楽的イディオム（音階、記譜法、楽曲構造等）が方法の基とされる。他にも、教科書には西洋近代音楽の和声法に基づいた創作方法も掲載されている。このように音楽科における創作方法の内容には多様性がみられる。今日ではこれらの方法に基づいて、主に即興演奏を基盤とした実践が行われている。

　これらの創作方法の詳細はすでに優れたガイドブックが存在するため、ここでは紙面の都合上それらを紹介するに留めておく（章末参照）。むしろここでは、次のような問いかけから本稿における課題意識へ迫りたい。

　果たして、授業での創作経験は、授業を受ける生徒たちの日常生活における音楽経験といかなる接点を持ちうるだろうか。

2. 生徒の日常的な音楽生活との接点

　音楽を「つくる」経験が身近でない生徒たちにとって、音楽科での創作経験はある種のおどろきや達成感をもって受け止められるだろう。と同時に、彼らは自身の日常的な音楽生活で馴染みのあるJ-POPをはじめとしたポピュラー音楽の多くが、授業で経験した創作方法とは何か別のメカニズムによってつくられている事実を疑問に感じないだろうか。

　「言葉の抑揚を活かして旋律をつくった。けれど、よく聴くJ-POPの多くはそれらを無視してつくられているなあ」「音階に基づいてつくった。けれど、嵐やAKB48のメロディーは、それらの音階でできているのだろうか？」「ドローンや対旋律等を重ねてみんなで音楽をつくった。けれど、ドローンって私（俺）のiPodに入っている曲のどこにあるのだろう？」

　このような生徒の問いに応えていくことは、音楽科の創作の今後を考える上で見出される、新たな課題の地平だといえよう。すなわち、J-POPを中心に「聴き」「歌う」多くの生徒の日常的な音楽経験に対して、直接的に訴えかけることのできる、J-POPを用いた創作活動を探求する必要性が

浮かび上がるのである。

　ポピュラー音楽を用いた実践は、国内外を問わず昨今の音楽教育における重要なテーマとなっている。先述したような生徒のもつJ-POPへの関心を創作実践で活かすことができれば、さらなる学びに満ちた実践が構想できるかもしれないのだ。

創作実践におけるJ-POPの扱いについて

　だが、実践を考えるにあたって、J-POPとはこういうものだ、と明確に定義することは極めて難しい。なぜなら、J-POPという語は音楽様式を規定するものではないからである。例えばロック風のJ-POP (BUMP OF CHICKENやMR.CHILDREN)、R＆B風のJ-POP (安室奈美恵やEXILE)、テクノポップ風のJ-POP (Perfumeやサカナクション) というように、J-POPの楽曲群には様々な音楽様式の存在が認められる。かといって、J-POPを「日本で生産される商業音楽」と言ってしまえば、演歌までもが含まれてしまう。このように、日々生産される数多ある楽曲のどこからどこまでがJ-POPか、それを規定することは極めて困難な作業なのである。

　だが一方で、「サビは盛り上がる」とか「泣かせるCメロ」のようにJ-POPには共有される何かしらの構造上の特徴が存在するのも事実である。本方法も、そのようにJ-POP楽曲の多くに共有されている旋律構造を基にしている。一口にJ-POPといってもその内容は多様だが、むしろその多様性が音楽構造の視点から認識されることは、生徒の日常的なJ-POPの聴取経験を変容させていくきっかけになる。このようにJ-POPの創作実践では、J-POPの多様性について「音楽のしくみ」の観点から関心を広げていくことが重要な学びへとつながるのではないだろうか。

　これらを踏まえ、ここではいくつかのJ-POP楽曲に共通して見出される構造上の特徴に着目した創作方法を紹介したい。

3. J-POPの音楽構造を基にした旋律創作方法

当方法は、2000年以降にヒットしたJ-POP楽曲のうち数曲の旋律構造を分析し、その構造上の特徴を方法化したものである。対象とした楽曲は、FUNKY MONKEY BABYS、RADWINPS、西野カナ等のヒット曲を多くもつアーティストのものである。ここでは、上記のアーティストの楽曲のうちいくつかに共通する旋律構造の特徴を分析し、抽出された構造に基づいて方法を作成した。

（1）使用楽器

電子キーボードもしくはピアノ1台（複数でも可）。この他、旋律づくりの活動はリコーダーや鍵盤ハーモニカを用いることもできる。

また、伴奏楽器はギター等他の楽器でもかまわないが、その場合は「その楽器で演奏するJ-POP」らしいスタイルに近づけることが大切である。例えばギターなら、「ゆず」や「YUI」といったギター主体の演奏スタイルをもつJ-POPアーティストの楽曲を参考に、ノリを始めとした演奏スタイルをなるべくそれらに近づけたい。

（2）環境とパートの割り振り

教師は電子キーボードの低音部分で伴奏パートを、生徒は高音部分で旋律パートを担当する。

生徒の旋律づくりは、1人ずつ順に交代で担当する。交代は、基本的に教師の声掛けによって行う（例：「じゃあ次はA君の番だよ！〔8小節目の終

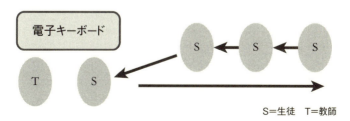

図2　活動環境と立ち位置

出所：筆者作成

わりで]どうぞ！」という風に)。交代のタイミングは、2小節もしくは4小節で行うと区切りが良く、1人あたりの即興が長過ぎないため活動が生き生きとする。また、可能であれば、途中から伴奏を生徒に担当させても構わない（図2）。

(3) 活動の流れ

①教師は「ド」に付箋やシール等を貼る。

まずは「ド」のみを使って、教師の伴奏に合わせて旋律を即興でつくる。最初の音は「ド」でなくても構わない。ここでの「ド」は、主音としての機能を持つ。例えば「ソ」で始めれば、ト長調で活動を行うことができる。様々な調で行うことで、曲の雰囲気を変えることができる。ここでは、「ド」を最初の1音とした場合の流れを説明する。

例：「ド」のみを使った即興演奏例

②「レ」を追加し、使える音を増やす。

「レ」に付箋を貼り（これ以降貼る付箋は「ド」と異なる色にする）、「ドとレ」を使って、教師の伴奏に合わせて旋律づくりをする。その際、「ドに戻ってくる」ようにすることが重要である（詳細は後述）。「レに冒険したら、ドに戻ってこよう」等の声掛けをすると意図がよく伝わる。また、「赤（ド）を中心にして、たまに緑（レ）へ冒険してみよう」というふうに、付箋の色で視覚的に説明するとより分かりやすい。

例：「ドとレ」を使った即興演奏例

③「ミ」を追加し、使える音をさらに増やす。

「ミ」に付箋を貼る。「レ」や「ミ」に冒険したら「ドに戻ってくる」ようにする。

例：「ド、レ、ミ」を使った即興演奏例

④生徒が活動に慣れてきたら、「ソ」を追加する。

「ソ」に付箋を貼る。「ソに大冒険しよう。そうしたら、ドに戻ってこよう」こうした声掛けによって、「ソ」は旋律を特徴づけたい時に使う音として位置づける。

例：「ド、レ、ミ、ソ」を使った即興演奏例

⑤最初に貼った「ド」の一音下にある「シ」を追加する。

「シ」に付箋を貼る。「シ」を弾いたら、必ず「ドに戻ってくる」。ここで「シ」は、主音(ここでは「ド」)へ進もうとする導音の機能をもつ。

例：「シ、ド、レ、ミ、ソ」を使った即興演奏例

なぜ「ドに戻ってくる」ようにするのか？

「ドに戻ってくる」ことで、つくられる旋律に主音への回帰傾向がもたらされる。そうすることにより、このような主音に連続傾向のある旋律がつくられる。主音を中心に展開される旋律は、コード進行と共に演奏した際、

旋律音がコード・トーンに加え多くの高次のテンションとして位置づけられることによって、J-POPらしい響きを生み出すのである。特に2000年以降のJ-POPには、そのような旋律が多くみられる（例えば、GReeeenやFUNKY MONKEY BABYS等）。これによって、当方法はどの生徒にも「なんとなく聴き覚えのある」J-POP風の旋律をつくり出すことを可能とするのである。

⑥（応用）

J-POP楽曲の多くに共通する図3のような楽曲形式で即興演奏をする。

いずれの場面においても、生徒の創作方法は⑤のやり方（「シ、ド、レ、ミ、ソ」を用いる）のままでよい。次のブロックへの展開は、教師の伴奏の変化と声掛けによって行う（例「じゃあA君からサビだよ！　どうぞ！」）

図3　J-POPの一般的な楽曲形式

出所：筆者作成

（4）伴奏の方法

生徒の即興を支援するために、伴奏は「繰り返し」を基盤とした即興演奏で行う。

ある「リズムパターン」と「コード進行」のパターンを組み合わせ、繰り返す。以下に、その実例を挙げる。

リズムパターンの一例

①左手（ベース）でリズムを出す　　②分散和音

（リズム1）　　　　　　　　　　　　　　　　（リズム2）

最初は①の方が拍子感を感じやすく、生徒が即興しやすい。慣れてきたら、よりシンコペーションを活かした伴奏にしていく。そうすることにより、伴奏のリズムが生徒の即興にも波及し、音楽的アイディアとして用いられていく。活動を通して、生徒と教員が共にノリを共有できるような即興を目指したい。

コード進行の一例
　コード進行は、AメロやBメロ等の部分ごとに変化させる。

❖Aメロ（4小節）
　　キーワード：「左手（ベースライン）の少ない音高移動」「ドミナント（属和音）を用いない」

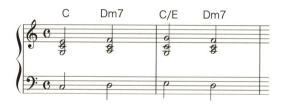

（コード進行1）

❖Bメロ（4小節）
　　キーワード：「左手（ベースライン）の順次進行」「サビ前（7－8小節目）の変化」
1－6小節目は以下の通り。

（コード進行2）　　　　　　　　　　（コード進行3）

　サビに入る前（7－8小節目）は5－6小節目と異なるコード進行で。

❖サビ（16小節）
　キーワード：「Ⅵ－Ⅱ－Ⅴ－Ⅰのコード進行」

（コード進行4）

　筆者は、いくつかの小・中学校で実際に当方法を用いた創作実践を行ったことがある。そこでは、つくる活動に併せて、子どもたちが普段よく聴くと話すJ-POP楽曲を取り上げ、その構造はどうなっているか、つくった旋律とどう違うかを考える活動も行った。授業後の感想からは、「J-POPを聴く際、歌詞だけでなく旋律や形式等の構造にも着目して聴くようになった」というような内容が寄せられた。このことは、J-POPを用いた創作活動がもつ教育的意義を端的に示すものだといえよう。音楽科においてJ-POPの教材化の意義が少しずつ認められるようになってきた今日、創作領域においてもJ-POPを用いた実践が模索される時期にあるのではないだろうか。本稿がそのような流れを生み出す踏み台となれば幸いである。

おわりに

　近年の創作活動は、対象とする音楽様式も使われる音素材も多様化している。紙幅の関係から、多様なタイプの具体的な指導事例を提示することはできなかったが、第1節の創作活動の種類や効果的な指導法についての基本的な考え方、そして第2節のJ-POPに関する具体的な創作方法を参考にしながら、関心のある創作活動に大胆に取り組んでいただきたい。

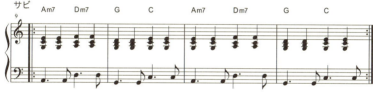

実際の伴奏例（伴奏例）

参考文献

坪能克裕、坪能由紀子、高須一、熊木眞見子、中島寿、高倉弘光、駒久美子、味府美香『音楽づくりの授業アイディア集 音楽をつくる 音楽を聴く』音楽之友社、2012年

野村誠『授業がもっと楽しくなる 音楽づくりのヒント――作曲なんてへっちゃらだー！』音楽之友社、2010年

文部科学省編『小学校学習指導要領解説 音楽編』教育芸術社、2008年

※音楽づくり・創作関連の著書の多くは小学校を対象としている。ここに挙げた著書は、より高度な内容への発展性も含むものである。クラスの実情に合わせて、方法のうち実践可能だと思われるものを選びたい。

第11章 これからの音楽づくり・創作の指導

第12章

これからの鑑賞指導

はじめに

「鑑賞」は音楽科教育において、「歌唱」「器楽」「創作」と並ぶ、独立した主要な指導領域である。しかし他の領域と比較すると、時代とともに変化する音楽環境や音楽への嗜好、そして日進月歩のテクノロジーの発達の影響を最も受けやすく、それだけに新しい時代に適応した指導法が求められていると言えよう。また、発達心理や知覚認知に関する研究の進展により、鑑賞を耳で聞くだけでなく、身体全体の感覚を働かせる総合的な活動として捉える方向性も出てきた。本章では、小学校、中学校、高等学校の音楽科における鑑賞について、学習指導要領を手掛かりに再検討し、これからの鑑賞の目標や意義を多角的に考え、指導法や実践を具体的に提案する。

第1節　様々な学習の入口としての鑑賞指導

1. これまでの鑑賞指導

　鑑賞の時間、音楽室はコンサートホールと化す。ヴェルディのオペラ《アイーダ》、ベートーヴェンの《交響曲第5番》、シューベルトの《魔王》等が音響機器で再生され、生徒は音楽に耳を傾ける。箏曲《六段》や尺八の《鹿の遠音》、雅楽《越天楽》等の日本の音楽を鑑賞する時も、同じである。教室の中で、生徒は聴衆となり演奏会の擬似体験をするのである。

　日常生活の中で音楽を聴く時、おそらく生徒と音楽の関係は限りなく自由であろう。しかし教室内での鑑賞は、生徒にとって堅苦しく、型にはまった感がある。鑑賞指導の目標は静かに聴く態度を習慣づけ、音楽の性質を理解させ、音楽の美しさを味合わせることである。教室では集中力や忍耐力、音の要素の識別能力、音楽美の価値判断力といった感受力を育てる指導が行われる。

　鑑賞教材の多くは、西欧の芸術作品である。鑑賞の時間は「音楽博物館」のごとく、偉大な作曲家とその代表作が展示される。音楽会のプログラム解説と類似した教科書の記述や、教師の補足的な説明を通して、各楽曲の特徴や作曲背景や、作曲家についての物語等を生徒は学習する。作品の精神的面についての問いかけがなされることもある。鑑賞指導の目的は作品を聴取し、解釈する真面目な聴衆の育成と考える教師もいるだろう。

　鑑賞指導で最も問題となるのは、評価である。生徒が音楽を聞いて理解したこと、感じたことは、文章で言語化されることにより評価の対象となる。音楽要素や構造の特徴等、楽曲分析的な認知や理解よりも、どのように感じたかという感性の豊かさの方が、重要視されることがしばしばである。

　このように鑑賞指導の目標や内容、生徒の活動をあらためて考察してみると、生徒と音楽の関係が限定的で、窮屈であることに気づく。生徒の日

常生活において身近な、ポピュラー音楽や商業ベース的な音楽は除外される傾向にあり、生徒が受容したいという意思や、受容できる能力も問題とされないことが多い。これまでの鑑賞指導は固定化され、発展の余地がないようにも思える。しかし、音楽科教育における鑑賞指導を歴史的に振り返ってみると、これからの鑑賞指導へのヒントや示唆が見えてくる。

2. 学習指導要領にみる変遷

　音楽科教育において鑑賞は歴史的な指導領域である。早くも大正末期にアメリカのビクターによる子どもの鑑賞指導手引書 *Music Appreciation for little Children*［Victor Talking Machine Company & Clark 1920］を基に、鑑賞教育の理論と実践が山本壽(やまもとひさし)（1886〜1975）の『音楽の鑑賞教育』等で述べられている［三村 2007: 1］。1941（昭和16）年施行の国民学校令「芸能科音楽」において、「歌曲ヲ正シク歌唱シ音楽ヲ鑑賞スルノ能ヲ養ヒ國民的情操ヲ醇化スルモノトス」と規定され、鑑賞は法制化された［上原 1988: 236］。

　鑑賞が独立した領域となったのは、1947（昭和22）年の学習指導要領（試案）においてで、教育内容として「歌唱」「器楽」「創作」とともに位置づけられた。以来約65年以上存続している重要な指導領域である。「音楽美の理解・感得」を掲げた1947年の学習指導要領では、目標の第6項に「音楽における鑑賞力を養う」とある。大方の方向性としては①ヨーロッパの音楽作品の理解を深める、②日本の伝統音楽への理解をもたせる、③労働及び社会生活と関係深い民謡を聞かせる、④広く各国の民謡や民謡に取材した音楽を聞かせる、の4点である。1951（昭和26）年の学習指導要領（試案）で、中学・高校の鑑賞の教師に必要とされる知識や理解が列挙されている。芸術音楽の作品解釈、演奏解釈に有用な知識と共に、「各国のおもな民謡と社会生活との関係」が掲げられている。このように昭和20年代においては社会や生活と音楽の関わりが重要視されていたが、これは昭和30年代になると後退する。

　1956（昭和31）年の高等学校学習指導要領では、鑑賞法の基礎として、

音楽通論や音楽史と関連させて、音楽の諸要素が持つ機能を聴取することが述べられている。1958（昭和33）年改訂の中学校学習指導要領に、鑑賞教材を選ぶ際の考慮事項が列挙されているが、「時代区分」「民族区分」とともに、「名曲」や「代表的」がキーワードとなっている。昭和30年代に、クラシック音楽の名曲を音楽史と関連させて解釈するという方向性が確立され、定着したようである。

　しかし平成になり、この方向性にいくらかの変化が現れ始める。1989（平成元）年の高等学校学習指導要領で、「音楽と他の芸術とのかかわり」「音楽と社会及び文化などとのかかわり」「我が国及び諸外国における現代の音楽」を指導することと明言された。過去の名曲から同時代の作品へと視野が広げられ、また作品解釈という閉じた方向から脱し、社会や文化との関わりから音楽を理解する方向性が出てきた。

　1998（平成10）年の中学校学習指導要領において、さらに画期的な変化があった。指導計画の作成と内容の取扱いで、「指導に当たっては，適宜，自然音や環境音などについても取り扱うとともに，コンピュータや教育機器の活用も工夫すること」と明示された。名曲の扱いだけではなくなり、音そのものへの関心が示唆された。また、使用メディアも音響再生機器のみではなく、コンピュータが推奨され始めた。

　現行の中学校学習指導要領の目標では、「音楽文化についての理解を深め」が加えられた。鑑賞の活動においても「音楽の特徴をその背景となる文化・歴史や他の芸術と関連付けて鑑賞すること」「我が国や郷土の伝統音楽及びアジア地域の諸民族の音楽の特徴から音楽の多様性を感じ取り鑑賞すること」と掲げられ、音楽を文化として捉える方向性が顕著となった。また指導の取り扱いについては、引き続き「自然音や環境音」が明記され、さらに生徒のイメージ伝達、他者の意図への共感等「コミュニケーションを図る指導」や「音楽に関する知的財産権」が新たに加えられた。

　戦後の学習指導要領を概観してみると、鑑賞指導において音楽作品の美的な解釈に主眼が置かれ、音楽理論や音楽史との関連が保たれてきたことは否めない。しかし、当初から日本の伝統音楽や、諸外国の民謡や民族音

楽も対象としてきたこと、また音楽と社会や生活の結びつきへの関心も掲げられていたことが理解できる。1998年を機に、音楽作品の鑑賞というよりも、音楽を他の文化や芸術、社会、生活の関わりから理解し、音楽要素の聴取のみではなく、自然音や環境音等の「音」に注目する方向へと変わってきた。現行においては、さらに知的財産権等の文化資源としての関心や、他者とのコミュニケーションが指導の課題となり、鑑賞＝音楽作品の聴取という構図ではなくなってきている。

3. 作品解釈から音楽文化の体験へ

　鑑賞指導において、従来のように音楽史と関連させて音楽作品を解釈することを短絡的に批判はできない。「アドルノは、音楽教育の目的は生徒が作品を理解することを学ぶことであり、自己満足的、盲目的な音楽行為だけでは、音楽教育の機能を十分に果たしたことにはならない」［アーベル＝シュトルート 2004：507］と警告しているし、アメリカの大学における教養科目「Music appreciation」の内容は「Music History」である。

　しかし西欧至上主義の価値観が影を潜めた今日の日本においては、西欧の芸術作品の鑑賞も、音楽史における作曲家の名作列伝ではなく、音楽を通して文化を理解するというアプローチが望ましいのではないだろうか。さらにグローバル化時代の日本の音楽教育においては、自国の伝統音楽や民俗音楽と共に、近隣アジアの音楽がより重要な対象となっている。これからは、その音楽を生み育んできた国や地域、享受してきた人々、演奏し伝承される場と生活、機能している社会等を多角的、多層的に理解していくことが、鑑賞の目標となっていくであろう。

　国際理解、文化理解に加えて、音との関係を自由に発展的にとらえていく「音の復権」［渡辺 2012：256］という視座も提案したい。作品の鑑賞では、音楽史や音楽理論との関係の中で音の「意味」「機能」「精神性」を真面目に聴き取ろうとすることが求められた。これが、生徒と音楽の関係を窮屈で一面的なものに縛っていたのである。生徒が、「演奏会場の聴衆である

こと」から解放され、演奏会場外の音と自由に戯れるようになることが、「自然音や環境音」「多様な音楽文化」を体験する一歩となるだろう。
　また、新たなメディアの活用も、鑑賞の授業を発展的で多様なものにする。今日では鉄道の音、風や水の音等が記録されたDVDやCDもあり、教室にいながら「自然音や環境音」を鑑賞することも可能である。コンピュータを活用することで、より能動的に音楽と関わることができる。インターネットで様々な音を探したり、自然音や環境音を集めたサイトにアクセスする等である。YouTubeには一般の人から投稿された日常的な音楽活動の動画がアップされているので、郷土の音楽や民族音楽の鑑賞にも有効である。例えば「神田囃子」を鑑賞しようとした場合、教材用のDVDよりも、YouTubeにアップされた保存会の人々の動画の方が、より身近なものとして感じることができる。また、例えば「朝鮮半島の音楽」という課題のもと、生徒達がネット－サーフィンを通して、パンソリ、プンムルノリ等の動画を探し出して鑑賞し、同時に朝鮮半島の伝統音楽について解説しているサイトにアクセスし、社会や生活との関わりを学習することも可能である。
　「音楽文化の理解」という面では、ポピュラー音楽や商業ベースの音楽、アニメーションや映画の音楽の鑑賞も重要である。生徒にとって芸術作品としての音楽が非日常的なものに対して、これらの音楽は生徒の生活と共にある日常的な音楽で、受容したいという意思や、受容できる能力に相応している。例えば、《アナと雪の女王》の映画の鑑賞を通して、ディズニーのアニメーションやミュージカルというアメリカの音楽文化を体験し、映画のテーマである「家族の絆」「勇気と愛」について考えるということもできるだろう。またこの映画がアメリカでも日本でもヒットし、映画館の観客が主題歌を合唱するという社会現象等について意見を交わし「他者とのコミュニケーションを図る」といった活動にまで発展させることもできるであろう。さらに様々なメディアを活用する中で、自ずと知的財産権について学習することにもなるであろう。
　映画等を含めた広義の音楽作品、日本や諸外国の伝統音楽や民族音楽、

自然の音、環境の音、生活の音等を、最新のメディアを駆使して「理解する」前にまず「体験する」鑑賞指導は、様々な学習の入口になると期待できる。音楽科教育は鑑賞指導を通して、生徒が「日進月歩の音楽文化」を聴くという体験に、積極的に関わっていくことをサポートするという役割を担っているのである。

第2節　表現と鑑賞の関連をはかった鑑賞指導
―― 身体表現の観点から

　現行の小学校学習指導要領は、音楽科の各学年の表現と鑑賞の指導にあたって、「音楽との一体感を味わい、想像力を働かせて音楽とかかわることができるよう、指導のねらいに即して体を動かす活動を取り入れること」と規定している。中学校においても、表現の指導に関して、「指揮などの身体的表現活動も取り上げる」ようにするように提示されている。本稿では、特に小学校音楽科に焦点を当てながら、鑑賞指導における身体表現の位置付けを明らかにした上で、その実践に関するいくつかの留意点について考察していきたい。

1. 鑑賞指導における身体表現

　音楽との一体感を味わう身体表現とは、楽曲の気分や曲想、またこれらの変化を感じ取りながら、その変化の特徴を身体の動きで表現することで音楽と一体化すること、を意味している。自分の身体があたかもその音楽になったように感じる、つまり、自分の身体全体でその音楽を奏でる架空の楽器となったような錯覚を起こさせるのである。このような鑑賞活動は最も直接的に音楽を聴く方法であり、児童・生徒のこころに聴いている音楽の印象を鮮烈に植え付けることになるだろう。これらの音楽の印象は、子どもたち1人ひとりが想像力を働かせながら自分の思いや経験と関わらせることによって、彼らの感情の世界と深く結び付き、豊かな感性と情操

が養われることにつながっていく。

　音楽と一体化することによって得られる音楽の印象は、音楽を背景として振り付けされたダンスをする、ということだけで得られるとは考えにくい。なぜならダンスは、その音楽のビートや拍子などに合わせて、巧みに動くことが中心となる活動であるからである。曲想やその変化などの音楽の特徴表現を感じ取り、音楽を形づくっている要素同士の関わりや構造を理解する上で必要な音楽を「聴取する」活動が、ともすれば身体の動きに意識が集中するために軽視されてしまう可能性があるのである。ダンスは次項で考察するように、音楽と一緒に動くと楽しい、リズムにのってみんなと動くと面白い、という経験をすることができる身体表現である。そして、身体表現を通した鑑賞指導の動機付けの段階、あるいはこの音楽のどの要素がダンスの動きに関連しているのだろう？　といった問い掛けにより経験を知識として定着させる段階で、是非取り入れたい活動であることに間違いはない。

2.　身体表現を通した鑑賞指導への基礎づくり

（1）グループで身体表現することに慣れる

　音楽鑑賞に身体表現を取り入れることに関してまず重要なことは、児童・生徒が身体表現することが楽しい、と思えるような下地や雰囲気をクラスの中につくることである。そのためには、ダンスを踊ったり、動きを使ったゲームをしたり、身体を動かして我を忘れる経験をするなど、みんなと自由に身体表現を楽しむ活動を音楽教育という枠にこだわらずに、準備の段階で十分行うことが重要である。そして、仲間の目が気になってうまく動けない、恥ずかしい、という思いを忘れさせて、全員の子どもたちが動いている自分自身が好きになれるような雰囲気をつくることが、身体表現を通した鑑賞指導を成功させるための、避けて通れない第一歩である。

（2）動きのボキャブラリーを蓄える

　真面目で優秀な子どもたちほど、頭で考えて判断しようとするので、音楽をじっくりと静かに集中して聴きたいと思っていることも多い。それとは反対に、音楽の授業で身体表現をする状況に置かれただけで自制がきかない状態になり、音楽を無視して多動な行動に走ってしまう子どもたちもいる。身体表現を取り入れた鑑賞指導において最初に課題となってくるのは、この両極端な子どもたちの反応、そしてその間には幾多の反応のバリエーションが見られるが、これらの反応を見せる子どもたちをいかにまとめていけるのか、ということである。その解決のための１つの手段は、子どもたちが音楽を聴いて自分の考えたように、感じたように動くための動きのボキャブラリーを、様々な活動を通して探求し皆で共有しながら身につけていくことである。

　１つの例を挙げてみよう。歩いたり走ったりすることは、身体が健常な子どもたちにとっては練習する必要のない自然な動きである。リトミックと呼ばれる音楽と動きの音楽教育法においては、まず指導者のピアノの即興演奏に合わせて歩くことから、指導が始められることが多い。そして、音楽が速くなったらそれに合わせて歩行の速度も速くしていくが、いつのまにか駆け足をしないと音楽に追いつけなくなる。子どもたちがそのからくりに気が付けば、身体表現を通して音楽の速度の変化や拍の流れを知覚・感受することができるのである。その他にも、力強い動きや柔らかい動きを探求することによって、音楽の強弱を身体で表現する手段にすることもできる。子どもたちの想像力や遊び心を活かしながら、動きのボキャブラリーを蓄えていくことが大切である。

3. 身体表現を通した鑑賞指導の留意点

（1）動きたくなる教材を選ぶ

　子どもたちが身体表現を通して音楽との一体感を味わい、想像力を働かせて音楽とかかわることができるようになるためには、身体で表現をしたくなるような、一緒に動くことが心地よいと感じられるような鑑賞教材を選択することが大切である。例を挙げれば、マーチは上述した一緒に歩くことに最も適切な音楽である。心地よく歩きながら、その音楽の中で起こってくる様々な変化に気付いて、例えば強弱の変化を歩き方で示したり、拍に合わせて歩きながらメロディーの流れを手で表現したり、特徴のあるリズムを手で叩いたりすることができるだろう。

（2）音楽の世界へ身体ごと誘う

　上記の歩く活動をする中で、子どもたちの心の中にはその聴いているマーチの気分を感じ取って想像された、様々なイメージが生まれている。オリンピックの入場シーンや、入学式、運動会などを想像している子どもたちもいるだろう。あるいは、映画やテレビで見たことのある遠い異国のイメージを思い巡らしているかもしれない。重要なことは、動かなくても頭の中で想像できるであろう音楽のイメージを、あえて動きを通して感受することで、音楽の世界に身体ごと入り込んでいくことが重要なのである。

（3）音楽の中で起こる様々な変化を知覚する

　子どもたちが音楽の世界に入り込み、音楽と一体となって想像力を働かせながら音楽を形づくっている要素の何らかの変化を知覚する時、それらはあたかも音楽の世界で何かの出来事が起こったように感じられるだろう。その出来事の印象を身体で即座に表現し、音楽の流れや進行と一体となりながら、その次々と提示されてくる変化、つまり出来事を聴取していくことで、音楽の要素や構造の変化を、時間の経過の中で身体感覚を通して、

即時に理解することが可能になるのである。

（4）経験したことをことばにする

　(1)〜(3)までの留意点に関しては、教師からの言葉による介入は、活動を指示する以外は極力さけて、子どもたちが音楽に直接に関われるように、十分に配慮することが重要である。音楽の体験が新鮮で、クラスの活動でありながらも個人的な感じ方を尊重できるように、つねに気を配っていくことが望まれる。そして、音楽を身体表現したことが経験だけに終わらないように、経験して気付いたことを子どもたちがことばにして、知的理解に結び付けていくことが必要である。

　子どもたちが気付いたことを説明したり、ディスカッションをしたりするためには、身体表現のために動きのボキャブラリーが必要であったのと同じように、ことばで表現するためのボキャブラリーが必要になってくる。そのキーワードを学習指導要領の示す〔共通事項〕に求めるのが、最も適切な方法であろう。例えば、「柔らかい音だったから、そっと歩いてみた」という子どもの気付きは、「音色」や「強弱」あるいは「拍の流れ」と関連させることによって、音楽の知的理解へと結び付けていくことができるからである。

　気付いたことの発表やディスカッションにあたっては、もう一度同じ音楽を、今度は身体表現を通さないで皆で聴いてみることから始めるとよい。動いている時には気付かなかった音楽の要素や構造の変化が、静かに集中して聴取することで知覚できたり、動いていた時とは別の思いで感受されたりするだろう。音楽の面白さや不思議さに、子どもたちはきっと興味を抱くに違いない。

おわりに

　音楽の聴取に関する基本的なことがらとして、私たちは音楽の全ての要素を同時に認知することはできない。ある要素や構造を知覚してその展開

に注目していると、他の要素は背景となって記憶の奥に入り込んでしまう。

　最初から何を聴くか、を指示してしまうと、その他の要素はその音楽の中で特徴を示していたしても、知覚されない可能性は多いにあるのである。音楽の知覚・感受には、このように個性や個人差があるので、できるだけこの多様性を授業に活かすことが望まれるのである。

　身体表現を通した音楽鑑賞において、クラス全体やグループで活動することの意味は、実は音楽を身体表現している時に、同時に一緒に動いている友だちの表現を見ることができることである。自信がないところは誰かの動きを真似ながら、アイディアがある時は友だちに見せながら、お互いに学び合うことで動きのボキャブラリーを増やしていくのである。そして、多様な気付きをしている子どもたちにとって、それぞれ身体を通して音楽について知覚・感受したことを、ことばにして友だちと語り合うことはとても楽しいことであり、音楽の授業の活性化につながっていくに違いない。

引用・参考文献

アーベル＝シュトルート，S.(秋山徹也ほか訳)『音楽教育学大綱』2004年

上原一馬『日本音楽教育文化史』音楽之友社、1988年

下道郁子監修『クラシック鑑賞事典』PHP研究所、2007年

ジャック＝ダルクローズ，E.(山本昌男訳)『リズムと音楽と教育』(リトミック論文集) 全音楽譜出版社、2003年

三村真弓「山本壽の音楽鑑賞教育観」広島大学大学院教育学研究科音楽文化教育学研究紀要XK、2007年

文部科学省『小学校学習指導要領解説音楽編』教育芸術社、2008年

渡辺裕『サウンドとメディアの文化資源学』春秋社、2013年

渡辺裕『聴衆の誕生』中央公論社、2012年

Steven Cornelius, with Mary Natvig, "Teaching Music Appreciation: A Cultural Approach," *Journal of Music History Pedagogy*, vol.4, no.1, Fall, 2013.

Victor Talking Machine Company and Frances Elliott Clark, *Music Appreciation for Little Children : in the home, Kindergarten, and Primary Schools*, Victor Talking Machine Company, 1920.

学習指導要領データベースインデックス－国立教育政策研究所
▶http://www.nier.go.jp/guideline/ （2014年4月アクセス）

第13章

社会とつなげた
これからの音楽科の指導

はじめに

　経済協力開発機構（OECD）が2013年に行った国際調査「国際教員指導環境調査（TALIS）」によれば、日本の教師は1週間の勤務時間が世界最長であるという。それも、部活などの課外活動指導と事務作業に費やす時間が飛び抜けて高い。音楽科の教師も他教科の教師に負けず劣らず忙しいことは間違いない。しかも、例えば中学校であれば、1人の音楽教師が数百名を指導し評価している現状がある。学校行事にも音楽は欠くことができない。課外活動も含めて、学校音楽全体をプロデュースしマネジメントする力が、音楽教師に一層求められている。

　とはいえ、音楽教師単独でできることは限られているし、仕事量はもはや限界を超えている。どれだけ地域や大学等の公的機関と連携し、それらのもっている力やネットワークを活用するかという方向が、今後さらに重要となってくるに違いない。

　そこで本章では、アウトリーチの活動をどう音楽科の指導に生かすか、

地域社会における音楽活動と音楽科をどうつなげていくか、という2つの視点に焦点化してアプローチすることにする。

第1節　アウトリーチを生かした音楽科の指導

1. アウトリーチの意味するもの

　近年、様々な分野で「アウトリーチ」と呼ばれる活動が展開され、生活の中でアウトリーチはかなり身近なものになりつつある。「アウトリーチ」とは、「手を伸ばすこと、地域社会などへの奉仕活動」などを意味するoutreachに由来し、もともとは、社会福祉の分野において現場に出向いて行う啓発的、普及的な活動を指す用語である。それが文化芸術の分野でも出向いて行う活動や普及的な活動がアウトリーチと呼ばれるようになり、我が国では1990年代後半より、普段文化芸術に触れる機会の少ない人々に対して文化芸術に触れる機会を提供する事業として定着してきた。当初は主に、地方自治体が抱える公共ホールの活性化を目的とした文化政策の側面が強調されたアウトリーチであるが、現在ではその活用範囲は著しく拡大している。アウトリーチの定義や歴史的経緯、現状等については、林［2003, 2009, 2013］や地域創造［2010］などを参照されたい。

　音楽の分野では、公共ホールやNPO法人、企業、大学等によって多種多様な形式のアウトリーチが発信されている。音楽の提供者と享受者が双方向にかかわり合いながら音楽を味わい楽しむアウトリーチは、近い距離で交わされる音楽や言葉、身振り等によるコミュニケーションが特徴的である。さらに、音楽家や学校等の協働によって成り立つアウトリーチは、音楽の提供者、享受者双方にとって「学び合いの場」となる可能性がある。

　こうしたアウトリーチの教育的可能性に着目し、最近では多くの音楽・芸術大学や教員養成系の大学でもアウトリーチに関する授業が開講されるようになってきた。神戸女学院大学・東京音楽大学・昭和音楽大学の3大

学連携（詳細は次のサイトを参照：http://www.music-commumication.com/）のような取り組みも行われるなど、アウトリーチによる音楽の提供者、享受者がともに増えつつある今日、アウトリーチをどのように音楽科の指導に生かすかは、音楽科教育にとっても重要な課題の１つとなっている。

2. 音楽によるアウトリーチの種類と内容

　音楽によるアウトリーチの代表格といえば、出前のコンサートであろうが、そうした派遣型のコンサートでも、ワークショップを伴うもの、レクチャーやプレトークとタイアップしたものなど多様な内容が考えられる。ワークショップにしても、楽器体験を重視したものから創作的な活動を取り入れたもの、実技指導・クリニックに近いレベルのものまでいろいろである。公開講座や教養型セミナーの形で開催されているものや、人材育成に力点を置いた指導者養成につながるアウトリーチもある。施設体験型の取り組みを導入しているホール等も少なくない。

　音楽科とアウトリーチのかかわりに限定しても、その内容は多岐にわたっている。例えば、先行研究とフィールドワークをもとに学校音楽にかかわるアウトリーチ活動の分類を行った齊藤［2013］は、階層１として、アウトリーチ活動を「鑑賞系」「創造系」「技術指導系」の３つの系に分けている。次の階層２では、「鑑賞系」は「鑑賞型」と「参加型」、「創造系」は「参加型（単発・集中）」と「協創型（継続・長期）」、「技術指導系」は「合唱型」「器楽型」「我が国の伝統音楽型」に分けられる。さらに、「鑑賞系」と「創造系」は、階層３で次のような活動形態に分類される。

〈鑑賞系〉
　・鑑賞型：「芸術鑑賞教室タイプ」「音楽学習タイプ」「総合学習タイプ」
　・参加型：「体験タイプ」「総合タイプ」

〈創造系〉
- 参加型（単発・集中）：「即興音楽ワークショップ」「手作り楽器体験・演奏」
- 協創型（継続・長期）：「楽曲創作タイプ」「総合芸術タイプ」「学習発展タイプ」

［斎藤 2013］

　このような分類は、音楽科とアウトリーチのかかわりを構想・展開していく上で大変参考になる。アウトリーチ活動の分類に関しては、梶田［2010］の研究なども参照されたい。

3. アウトリーチを効果的に生かした指導事例

　筆者は、「音楽アウトリーチ」（2011年度～）の授業実践、足立区と本務校との連携事業（受託研究）の一環である「音楽教育支援活動」（2007年度～）の統括、さらにはアウトリーチを取り入れた音楽科の授業研究などを通して、音楽のアウトリーチに関する実践的な探究を進めている。足立区との連携事業は、アウトリーチという言葉こそ使用していないが、内容は音楽によるアウトリーチそのもので、邦楽や洋楽のコンサート＆ワークショップ、部活動や課外活動の指導補助、音楽科授業の補助、教員研修会など毎年約50件のアウトリーチを実施している。

　アウトリーチの実際から音楽科が学ぶものは、授業のねらいや活動の形態、子どもや学校の実態によって様々であるが、ここでは、5年生対象の音楽づくりの授業に打楽器奏者2名がアウトリーチでかかわった事例を取り上げる。

　石井ゆきこ教諭（荒川区立尾久第六小学校）によるこの授業は、題材名が「打楽器の音色の特徴を感じ取って音楽をつくろう」（全7時間）。打楽器奏者が体験型鑑賞指導でかかわった第二次（第4・5時）は、打楽器奏者の演奏を子どもたちが聴いて、打楽器の音色や演奏表現の豊かさを味わったり、演奏家の助言から音楽をつくるヒントを得たりすることが眼目の授業

である。この事例に関する詳細は、日本音楽教育学会の第12回音楽教育ゼミナール（立教ゼミナール）報告書（http://rikkyosemi.blogspot.jp/）を参照されたい。

アウトリーチを音楽科の指導に生かすという観点では、次の３点がとりわけ重要である。

①音のイメージをもつことや音色へのこだわり

子どもたちがグループでつくったテーマを中間発表した際、打楽器奏者は、どんな感じの音がほしいのか、どんなつもりで音を出しているのか、と問い掛ける。奏法に関してヒントを与える前に、ほしい音のイメージをもつことの大切さ、思いが必ず楽器に伝わることを強調する。音のイメージや音色へのこだわりは、音楽づくりのみならず、すべての音楽活動に生きて働くものである。

②子どもの音楽表現を引き出す言葉掛けの工夫

例えば、ジャンベの子どもには、「ばひゅーん」とオノマトペ的に音をイメージさせ、バスケットボールを扱う感覚を引き合いに出して皮を打たせる。「ミステリアスな音がほしい」というマリンバの子どもには、マレットを鍵盤に置いてみることを試させ、一緒に音色を探る。言葉によって音と身体感覚が結ばれ、子どもの出す音色は明らかに変化したのである。

③即興演奏を楽しむことと聴き合う活動が深まること

グループ内での「対話」を常に意識させようとする打楽器奏者は、あるパートに合いの手のような音を即興的に入れさせたり、反復する音型に即興的に強弱の変化を工夫させたりする。そうした即興的な遊びを楽しむ中で、互いの音を子どもは一層注意深く聴き合うようになる。アウトリーチ後の「音楽は生きている！　その場でつくる！」という子どもの感想は、まさに即興の本質をつくるものである。相手に合わせたり変えたりすることの楽しさを実感できた子どもたちは、これまで以上に音楽づくりの活動に

主体的にかかわるようになった。音楽づくりの実践・研究に長年かかわってきた石井教諭にとっても新たな気付きになったという。

4．アウトリーチを音楽科の指導に生かすための留意点

　子どもにも教師にも新たな気付きや変化をもたらすアウトリーチが、学び合いの場として大きな可能性をもっていることは明らかである。ただし、音楽科の指導に効果的に生かしていくためには、以下の点に留意しなければならない。

　①アウトリーチのねらいを明確にする。
　単なるイベントで終わらないために、指導計画でのアウトリーチの位置付け及びそのねらいを明確にする。活動形態やプログラミング等についても、音楽家に丸投げではなく、学校側からも提案できる内容を準備する。

　②アウトリーチを実施する音楽家と事前に十分に意見をすり合わせる。
　学校側の希望と音楽家の意図を相互にすり合わせておくことが大切である。一方的にどちらだけの要望を通すのではなく、十分に意思の疎通を図る必要がある。音楽家のモチベーションのために彼らの希望を受け入れつつ、こちらの要求にも応えてもらうという、柔軟な対応力、交渉力が求められる。

　③アウトリーチの実践を記録し、分析する。
　アウトリーチを観察・記録し、それを詳細に分析して指導に生かすようにする。自己の実践を問い直したり、新たな視点から子どもの活動状況を見つめ直したりする格好の契機とアウトリーチをとらえることが大切である。

　④音楽家との継続的な関係性を構築する。
　アウトリーチ後に子どもの感想等を送付するとともに、教師自身の感想

や評価も音楽家に伝えるようにする。互いに学び合える音楽家とは、アウトリーチを継続させるためにも、よりよい関係性が構築できるよう工夫する。

アウトリーチに関する事例報告やノウハウ本が数多く出版されている今日では、専門家でなくてもアウトリーチの形式や手法を用いて活動ができるようになっている。そのため、アウトリーチの形式模倣にとどまる実践や、音楽的に質の低い演奏等も少なくない。アウトリーチや音楽家に関する情報を収集する力、アウトリーチに必要な音楽家像を明確に発信する力、新たなネットワークを開いていくような戦略が、これからの音楽教師に求められる。

第2節　地域社会における音楽活動へつながる音楽科

1. 中学校および高等学校学習指導要領改訂に見る変化

2008年1月の中央教育審議会の「幼稚園、小学校、中学校、高等学校及び特別支援学校の学習指導要領等の改善（答申）」によると、改訂の基本方針として、「音楽科、芸術科（音楽）については、その課題を踏まえ、音楽のよさや楽しさを感じるとともに、思いや意図をもって表現したり味わって聴いたりする力を育成することと、音楽と生活とのかかわりに関心をもって、生涯にわたり音楽文化に親しむ態度をはぐくむことなどを重視する」が示されている。これを受けて改訂された中学校学習指導要領（2008年改訂）および高等学校学習指導要領（2009年改訂）から、本節では以下の改善事項に注目する。

　①音楽文化への理解を深め、尊重する態度を育てること
　②生涯にわたり音楽に親しんでいく態度を育てること
　③音環境への関心を高め、音や音楽と生活や社会のかかわりを実感することへ配慮すること

①については、従前は高等学校の音楽ⅡとⅢの目標にのみ使用されていた「音楽文化」という表現であるが、本改訂により、中学校の教科目標、および高等学校の音楽Ⅰ〜Ⅲの目標にまで拡大された。②については、従前は高等学校の音楽Ⅲの目標のみに示されていたが、本改訂により、中学校第2学年及び第3学年、高等学校の音楽Ⅰ〜Ⅲに拡大された。③については、本改訂により新たに出てきた視点であり、中学校では「指導計画と内容の取扱い」の中で、高等学校においても「内容の取扱い」の中で音楽Ⅰ〜Ⅲ共通の事項として示されている。

　このように、中学校、高等学校をとおして、音楽の学習には、以前にも増して①文化的・歴史的背景、他の芸術との関連などの広い視野をもって音楽に目を向けること、また新たに②生活や社会の中にある身近な音に耳を傾けることにより人間や社会にとっての音や音楽の存在意義を考え、生活や社会における音環境への関心を高めることが求められていると言える。そしてそうした音楽科の学習の到着点に、学校卒業後も生徒1人ひとりが生涯にわたり音楽に親しむことが設定されているものと解される。

　「生涯にわたり音楽に親しむ」活動の中には、高度な専門教育を受けてプロフェッショナルの音楽家になることも含まれるが、本節では、「地域社会における住民主体の音楽活動の実践」に注目し、そうした実践をしていく人材を育てるという視点から、これからの音楽科に求められることを考察する。

2. 地域社会を核とした住民主体の音楽活動

　今日、地域に根差した合唱団やオーケストラ、吹奏楽団が各地で組織され、世代を超えて活発な活動が行われている。

　一方で、それぞれの土地には固有の伝統芸能・伝統音楽があり、古くから地域の生活や信仰等と深く結びつく形で伝承されてきた。これらは言うまでもなく、生活習慣等の変容に伴いその伝承の方法や範囲も様々に変化してきたが、基本的にその多くが地域住民を中心とした担い手たち（保存

会等）により伝承されている。

このように1つの「地域社会」の括りの中で見ていくと、そこには多様な音楽ジャンルや団体が存在する。それでは、地域社会における住民主体の音楽活動は、今日どのように展開されているのだろうか。適宜例を挙げながらその特徴を以下に見ていく。

（1）ジャンルや団体を超えて拡がる活動

高度な専門教育を受けたプロフェッショナルの音楽家たちが、それぞれの専門分野を超えてオペラやバレエなど1つの舞台を作り上げる姿を思い浮かべることは容易であろうが、地域社会においても、個々の団体の枠組みを超えた活動が多く展開されている。例えば、地域の合唱団とオーケストラが一緒にベートーヴェンの「第九」の演奏をする例や、「市民オペラ」、あるいは「市民ミュージカル」をつくる例は昔から多く見られる。

このような試みは地域の伝統芸能・伝統音楽も例外ではない。大阪府豊能郡能勢町では、地元に約200年前から伝わる素浄瑠璃《能勢の浄瑠璃》に新たに人形・囃子を加え、子どもから大人まで幅広い年齢層の地域住民から成る「能勢人形浄瑠璃鹿角座」を2006年に立ち上げた。町の文化施設である浄るりシアターを拠点とした能勢人形浄瑠璃の活動を通して、現代演劇の要素を取り入れたオリジナル演目の創作にも取り掛かる一方で、太夫は《能勢の浄瑠璃》の継承団体である「能勢町郷土芸能保存会」会員が務め、また人形浄瑠璃文楽座の技芸員等の指導のもとで技術向上を図りながら、後継者の少ない三味線の担い手を育成するなど、新たな分野との融合への挑戦とともに伝統の保存・継承を重視している。「地域の伝統と共に歩む」体制をとりながら地域独自の新たな文化的土壌を醸成しつつあることが特徴である。

このように、地域社会における音楽活動は地域の状況にあわせて、あるいは新たな可能性に向かって分野横断的に自由な拡がりを見せていると言えよう。1人ひとりは公民館等での個々の日常的な活動や、地域の音楽祭や芸術祭等などで互いに顔を合わせることも多く、また1人が複数の団体

に所属したり、さらには、地元吹奏楽団で管楽器を吹いているという理由で地域の伝統芸能のお囃子に勧誘されて、その後中心的な担い手となったりする例も耳にする。

（2）地域社会の音楽活動を支える行政組織とその取組み

　こうした地域社会の音楽活動を支える行政組織は、文化行政、社会教育行政、生涯学習行政、特に地域の伝統芸能・伝統音楽については文化財保護行政など多岐に亘っている。関係する法制度は、制定順に「社会教育法」(1949年)、「文化財保護法」(1950年)、「生涯学習の振興のための施策の推進体制等の整備に関する法律」(1990年)、「音楽文化の振興のための学習環境の整備に関する法律」(1994年)、「文化芸術振興基本法」(2001年) であり、また最近では、文化芸術振興基本法の基本理念にのっとり、活動を展開する施設の視点から「劇場、音楽堂等の活性化に関する法律」(2012年) も制定された。

　文化に関わる事項は、かつて、行政組織の上では社会教育の範疇でとらえられていた。1968年の文化庁設置以降、都道府県レベルでは文化行政を所管する文化課が社会教育課から独立し、また1980年代に「自治体文化行政」が推進されるに伴い、文化一般と芸術分野の一部については、教育委員会の系列を離れ首長部局が所管する例が多くなった。しかし、市町村レベルでは今日においても社会教育課や生涯学習課の中で扱われることが多い。

　今日、地方公共団体ではそれぞれの担当課が、国の事業を活用した支援や、独自の支援（金銭面での補助、活動場所の提供〔文化会館、公民館、郷土資料館等〕、民間の助成金情報等の提供、広報・宣伝、複数の団体のとりまとめ等）を、当該地域の状況にあわせて行っている。こうした中で、人材育成と芸術団体の立ち上げ、活動場所の提供を通して地域における音楽活動の長期的な育成システムを図っている例もある。島根県では公益財団法人しまね文化振興財団が2005年から「いわみ舞台塾」（合唱塾／邦楽塾／弦楽塾）を開催し、地元出身の指導者を講師に圏域の大人から子どもまでを対象に

スキルアップと新たな愛好者の増加を図っている。さらに各プログラム受講者で「グラントワ合唱団」、「島根邦楽集団」、「グラントワ弦楽合奏団」、「グラントワ・ユース・コール」を組織し、島根県芸術文化センター「グラントワ」とフランチャイズ契約を結んでいる。

(3)「地域の文化資源」とまちづくり

以上のような行政との関わりの中で、近年では、住民らの音楽活動は自ら学び楽しむ目的にとどまらず、地域振興やまちづくりへの展開とも密接に関係しながらより広い視野から展開される傾向にある。この過程において、地域の音楽文化は、それぞれの地域を特徴づける「地域の文化資源」として総体的に捉えられる。例えば、福井県池田町では1992年頃より地域に伝わる伝統芸能である「水海の田楽・能舞」を中心に据えて「能楽の里」をキャッチフレーズとしたまちづくりを行っている。神奈川県川崎市では、市内の2つの音楽大学、4つの市民オーケストラ、150を超える市民合唱団、企業の吹奏楽団や合唱団等の活動を「音楽資源」と捉えて、2004年以降「音楽のまち・かわさき」を推進している。

また、こうしたまちづくりの展開は今日では地域から外に向けた発信にとどまらず、地域住民にとっても当該地域の文化資源の再発見・再評価としての側面を持つことが多い。いわゆるシビックプライドの醸成へとつながっており、音楽活動を通して自らの地域への愛着と誇りも高まっている。

(4) アートマネジメントの視点の導入

アートマネジメントというとプロフェッショナルの音楽活動にのみ必要とされる視点と思われがちであるが、近年、地域住民を主体とした音楽活動にもこの視点の導入が求められている。この役割は地域の文化施設や行政が担うこともあるが、地域住民1人ひとりがアートマネジメントの実践者となっている例が長野県飯田市に見られる。飯田市では、器楽、合唱、吹奏楽、舞踊、邦楽等の数多くの芸術団体が活発な活動を展開しており、市民(出演者)と行政が協働して企画運営し、出演する市民が主体となっ

ている実行委員会の方式（地元では「飯田方式」と名付けている）によって「伊那谷文化芸術祭」(1963年〜)が、およそ半世紀にわたって開催されている。こうした運営制の理念は、後に始まった「いいだ人形劇フェスタ」(1979年〜)、「オーケストラと友に音楽祭」(2009年〜)にも受け継がれ、「出演者（演じ手）」は異なっても、その運営は市民が主体であることに全く変化はない。また、1990年以降、市の文化施設である飯田文化会館の全ての主催事業に実行委員会を組織し、市民と協働して事業の企画立案から事業運営に取り組んでいる。「市民の集合体がアートマネージャー」という考えのもと、市民は行政に要望や要求をするだけではなく、企画運営に参加し、事業の成功に向けての責任も負う。こうした市民主体の取り組みにより、自分たちの事業であるという自覚が生まれ、地域の文化の担い手を継続的に生み出している。

3. これからの音楽科に求められるもの

　以上、「地域社会」を核にした主体的な音楽活動の現状を見てきたが、1.で述べた中学校および高等学校学習指導要領改訂と照らし合わせながら、これからの音楽科に求められることを最後に述べたい。

　第一に、地域社会における音楽活動は、自らが活動する音楽ジャンルや所属団体のみならずまわりの芸術活動に目を向け、さらにはその土地が育んできた歴史や培ってきた文化的土壌にも目を向けることで、無限に拡がる可能性を秘めている。このように広い視野から自らの音楽活動を捉える視点を育むことを意識して、音楽科においても①文化的・歴史的背景、他の芸術との関連などの様々なコンテクストの中で音楽を捉えさせる必要がある。

　第二に、今日様々な音楽活動が「地域の文化資源」として捉えられ、まちづくりとの関わりの中で展開されている現状から、1人ひとりが音楽活動を通して地域の文化を築き、ひいては地域の将来を担う一員としての役割を担っている。したがって、改訂により新たに音楽科に求められること

となった②人間や社会にとっての音や音楽の存在意義を考えさせることは、まずはもっとも身近な「社会」である地域社会の一員であるとの意識の中で、音楽がどのように地域社会に存在するかについて関心を持たせることから始めてもよいであろう。

　そして第三に、地域社会の中で自らの音楽活動をより展開しやすくするためには、様々な「仕組み」（行政の支援、活動の場としての公民館や文化施設、アートマネジメントの手法など）を活用していくことが有効である。音楽科の授業の中でも地方公共団体や各種施設と積極的に連携することによって、生徒1人ひとりがそれらを身近に感じることができ、このことが、将来的にそうした「仕組み」の積極的な活用を促し、地域社会における音楽活動のさらなる発展につながるものと考えられる。

おわりに

　学外の音楽文化、地域の伝統やさまざまな仕組み、ネットワークなどをいかに有効に活用していくかが、これからの音楽科の重要課題である。そのためには、自分たちの地域にどのような音楽文化が生成発展しているのか、協働の可能性がある音楽団体や保存会等にどのようにアプローチすればよいのかなどについて、丁寧に情報を収集、精査する必要がある。そして、意味のある連携、協働を行うためには、何のために社会と音楽科をつなぐのかという明確な目的意識をもたなければならない。どのような音楽をどのような方法で提供すればよいのかを、子どもの実態や指導計画に照らして常に問い直していくことが大切である。

　発想の原点は、あくまで「子どもが主役」である。音楽家や伝統芸能の実演家、外部のコーディネーターが主役ではないし、学校や教師でもない。子どもが主役という原点に立った地域社会との連携、協働は、音楽教師にとっても、また音楽家や実演家にとっても格好の学びの場である。学校音楽文化の創造・発信に向けて、社会の音楽活動との新たな関係性の構築が、今、求められている。

引用・参考文献

梶田美香「転換するアウトリーチ──音楽科教育への貢献」名古屋市立大学博士論文、2011年

齊藤豊「音楽の授業におけるアウトリーチ活動の展開──アウトリーチ活動の目的と形態からみた分類の試み」『音楽教育実践ジャーナル』vol. 10、no. 2、2013年、pp. 71〜79

地域創造「文化・芸術による地域政策に関する調査研究〔報告書〕」(新[アウトリーチのすすめ])2010年

根木昭、佐藤良子『文化芸術振興の基本法と条例』(文化とまちづくり叢書:文化政策の法的基盤Ⅰ)水曜社、2013年

根木昭、佐藤良子『公共ホールと劇場・音楽堂法』(文化とまちづくり叢書:文化政策の法的基盤Ⅱ)水曜社、2013年

能勢町教育委員会『能勢の浄瑠璃史──無形民俗文化財地域伝承活動事業報告書』1996年

能勢町教育委員会、『響き舞う能勢の浄瑠璃──能勢の浄瑠璃民俗文化財伝承活用等事業報告書』浄るりシアター、2002年

林睦「音楽教育におけるアウトリーチを考える──基本的な考え方、歴史的経緯、最近の動向」『音楽教育実践ジャーナル』vol.10、no.2、2013年、pp. 6〜13

林睦「音楽のアウトリーチ活動に関する一考察──日本における導入の10年と今後の課題」『音楽教育の未来:日本音楽教育学会設立40周年記念論文集』音楽之友社、2009年、pp. 280〜290

林睦「音楽のアウトリーチ活動に関する研究──音楽家と学校の連携を中心に」大阪大学博士論文、2003年

文部科学省『小学校学習指導要領解説 特別活動編』2008年

文部科学省『中学校学習指導要領解説 特別活動編』2008年

終 章

これからの学校教育と音楽

はじめに

　文部科学省の第２期教育振興基本計画（平成25年度〜29年度）(2013年４月答申）では、今後の社会の方向性として、「創造」「自立」「協働」の３つの理念が示され、教育の基本的方向性として、「社会を生き抜く力の養成」「未来への飛躍を実現する人材の養成」「学びのセーフティネットの構築」「絆づくりと活力あるコミュニティの形成」の４つがあげられた。また、2014（平成26）年11月に中央教育審議会に諮問された「初等中等教育における教育課程の基準等の在り方」では、育成すべき資質・能力を踏まえた新たな教科・科目等の在り方や、既存の教科・科目等の目標・内容の見直しを諮るとしている。特に、「グローバル化する社会の中で、言語や文化が異なる人々と主体的に協働していくことができるよう、外国語で躊躇せず意見を述べ他者と交流していくために必要な力や、我が国の伝統文化に関する深い理解、他文化への理解等をどのように育んでいくべきか」についての検討が望まれている。

学校における音楽教育は、このような社会のあるいは教育の方向性のなかでどのような役割を果たしていくべきなのだろうか。山本文茂は「音楽を通して人間を育てる」ことは、人間・音楽・教育の三者に共通する根本的価値を〈思考〉〈感受〉〈共有〉に求めて人を育てていくこととした［山本2014：10］。人間・音楽・教育に共通する根本的価値を音楽教育で大切にしていくこと。これは、時代時代の教育の方向性を超えて、学校における音楽教育の基本となる。

　終章では、「これからの音楽教育をつくるために」として、第１節では「音楽を通して人間を育てる」ことについて、本書で語られたことばを選び出しながら考えていくことにする。翻って第２節では、これからの教育で国が大切にしようとしている方向の１つ、「言語や文化が異なる人々と主体的に協働していくことができるようにするために、我が国の伝統文化に関する深い理解、他文化への理解等をどのように育んでいくべきか」について、音楽教育からの私見を述べてこれからにつなげたいと考える。

第1節　音楽を通して人間を育てる音楽教育

1. 基本理念として

　今川恭子は、学校の音楽の授業を、子ども同士・子どもと教師という集団の中でのかかわりあいを通して意図的・計画的に育まれた教育であることした上で次のように述べる。

> 　子どもたちは音楽科と生活との間を、音楽科の経験を通して育まれた力をもって行き来し、そのこと自体によって人生を豊かにしている。
> (中略) 子どもの頃学校で歌ったことや演奏したこと、音楽を聴いたことなどの音楽経験を成人に語ってもらうと、それぞれの学校時代の音楽経験がそれぞれの人生の軌跡と結びついて大きな意味を持っていることが浮き彫りに

なる。(中略) 今何かの役に立っているかどうか、ということだけではない。その時の実践そのものの成果としての精神的な変容が、その人の人生において意味を持ち、その人を心を豊かにしているのである。　　　　［第1章 (p.37)］

　ここからは、学校の音楽科での経験は、子どもたちの生活と学校をつなぎ、また、1人ひとりの人生の軌跡と結びついて生涯にわたって心を豊かにすることにつながっていく役割を果たしてきたことがわかる。これからの学校教育においても、基本となる役割であろう。
　権藤敦子は、音楽の学力とは何かという観点から、音楽と学校教育の関わりを次のように述べている。

　　音楽科の学力とは、すべての子どもたちに教育機会を保障し、その人格形成に寄与できるよう、社会とつながっていけるように、授業を通して、また、学校生活全体を通して育んでいく音楽の力である。　　　　［第2章 (p.50)］
　　音楽科は教科カリキュラムに位置づき、音楽固有の学力を育てることが基礎・基本となる。しかし、人格形成を担う学校教育においては、教科を超えてつけたい力も明らかに存在する。閉じた教科カリキュラムに留まるのではなく、子どもの全人教育という視点から音楽科のかかわりを問い直し、「活用」の捉え方を見直す必要がある。　　　　［第2章 (p.49)］

　音楽科の学力とは、学校が、すべての子どもたちに、音楽によってもたらされる人格形成の機会、音楽を通して社会とつながっていける機会を保障することにある。このことばの持つ意味はとても深い。まず、音楽は人格形成に大きく寄与するものだというとらえが大切である。そして学校の授業あるいは学校全体での音楽活動を通して、それが実現していくのだとしていることがさらに大切である。一方、現在のそしてこれからの学校教育に望まれている「思考・判断・表現」についても、音楽科で備えた音楽の学力をそこに応用、活用できるはずだとして、音楽科での学びが音楽を身につけることにとどまらず、人間の教育として生かされていくことを述

べている。

　小川容子は、子どもの音楽する姿を科学的にとらえようとしてきた立場から、次のように述べる。

　　音楽を理解するとはどういうことか。音楽が記憶の中に引っかかり、何度も聴きたくなるのはなぜなのか。音楽のどの部分が気持ちを高揚させるのか。音楽らしい断片とそうでない断片があるのはなぜか。音楽的価値とは何か。音楽を取り巻く問いはどれもとても深淵で、立証への道は困難を極める。(中略)子どもの学びを対象とする実践研究では、データ自体に非常に多くの情報量が含まれているため、結果の信頼性・妥当性・客観性には充分な注意を払う必要がある。データの解釈や考察が適切か、クリティカルかといったことに関しても、何度も冷静に吟味することが重要である。しかしそれと同時に、対象への生産的な問いと、子どもへの熱いまなざしを常に持ち続けたいと思う。子どもは好奇心あふれる学び手であり、彼らの音楽活動を解き明かそうとすることは、人間という複雑な対象との、終わりのない戦いだからである。
　　　　　　　　　　　　　　　　　　　　　　　　　　　[第5章 (p.89)]

　データから子どもの音楽活動を分析するという科学的かつ客観的な立場を取りながらも、ここでもまた、人間・音楽・教育に共通する根本価値、すなわち子どもの音楽活動にみられる子どもの果てしない可能性を、学校で見つけることの大切さが説かれている。

2. 実践の場面から

　次に、実践の場面から、音楽を通して人間を育てることについて語られていることばを見ていくことにしたい。まず、合唱や歌についてである。全国的に親しまれている中学校の合唱曲の作曲者であり長年にわたり中学校の音楽科教諭を務めていた松井孝夫は次のように述べる。

義務教育9カ年において、児童・生徒が合唱と出会う場は、実にさまざまで、授業、特別活動、儀式的行事、学芸的行事、課外活動などがあげられる。このような場面や機会の中で、仲間との絆を確かめ合い、自分の気持ちを素直に声に出して表現できることは、充実した学校生活を送るための土台となるのではないだろうか。　　　　　　　　　　　　　　　[第9章 (p.134)]
　学校という同世代の生徒が集うコミュニティ空間において、ともに生活する仲間と真に支え合って生きていく姿を体現できる重要な活動が合唱ではないだろうか。　　　　　　　　　　　　　　　　　　[第9章 (p.139)]

　中学校の校内合唱コンクールに向けてのクラスでの合唱の練習が、学校教育で大きな役割を果たしてきたことは多くの場で語られてきた。学校という、同世代が集うもっとも強固なコミュニティ空間で、子どもたちが仲間との絆を確かめ合い支え合って生きていく。そのための重要な役割を合唱が担ってきたといえる。
　一方、高校の合唱部での日本語オペラの上演を通して高校生の育ちを見守ってきた目黒恵子は次のように述べている。

　1人でも堂々とステージに立ち、思い切り歌で表現をできるようになったとしたら……？　そして1人ひとりが自分らしい表現を追求し、「自ら進んで表現する」ことができるとしたら、(中略) そのような音楽体験が児童生徒の主体性を育むことにつながるのではないだろうか？　　[第9章 (p.140)]
　チームワークや主体的な学習態度が育まれるとともに、その活動の過程でさまざまな生徒の思考・判断が行われ、創造的な表現が生まれることは言うまでもない。また、そのような人との関わりやオペラ作品の題材と自己との向き合いから、自己の生き方を考えることにつながる (後略)。　[第9章 (p.145)]

　ステージで1人ひとりが役になりきって歌い演技をするという体験は、高校生たちに自分の表現に自信をもたせ、そのことが主体性を育むことにつながっていった。また、オペラの制作という総合的な表現活動に取り組

むことで、人との関わりのあり方や自己との向き合い方をつかみ、それが自己の生き方を考えることにつながった。それぞれが自分自身の表現を追求しながら、互いの力を出しあい補い合って皆で1つのものをつくりあげていくこと。学校教育の場で、このような機会はそう多くはない。音楽を通して人間を育てる大切な事例である。

　次節ともつながるが、日本の音楽の教材自体が人を育てる力を持っているという見解も、この本で示された大切なことばである。長年にわたり、小学校で日本の音楽の指導を手がけてきた山内雅子は、次のように述べる。

> 和楽器や郷土芸能などの授業を行った時に見られる、児童の人間的成長である。単に和楽器のよさがわかればよい、という視点ではなく、これらの教材自体がもつ人を育てる力を活用する視点も盛り込み、音楽科教育の中で行う和楽器指導の価値を述べたい。　　　　　　　　　　［第10章（p.154）］

なお、山内は長唄、能楽の謡曲など伝統的な歌唱の教育実践を通して、それが子どもたちの人間的成長に大きく関わっていくことを報告している［山内2014］。人間・音楽・教育をつなぐ人間教育として、これからの音楽教育での伝統的な歌唱の位置づけが期待される。

　この節の最後に、音楽の鑑賞における身体と音楽との関わりが人間を育てることにつながっているとする塩原麻里のことばを取り上げておきたい。

> 自分の身体があたかもその音楽になったように感じる、つまり、自分の身体全体でその音楽を奏でる架空の楽器となったような錯覚を起こさせるのである。このような鑑賞活動は最も直接的に音楽を聴く方法であり、児童・生徒のこころに聴いている音楽の印象を鮮烈に植え付けることになるだろう。これらの音楽の印象は、子どもたち1人ひとりが想像力を働かせながら自分の思いや経験と関わらせることによって、彼らの感情の世界と深く結び付き、豊かな感性と情操が養われることにつながっていく。　［第12章（pp.190-191）］

音楽の鑑賞は、誰しもが生涯にわたって関わっていくことができる音楽活動である。学校の音楽科で、あたかも自身の身体全体でその音楽を奏でているような聴き方を体験した子どもたちは、生涯にわたり音楽による感動とは何かを自身の身体や自身の心を通して感じとろうとする姿勢につながり、そのことが豊かな感性と情操につながっていく。音楽を通して人間を育てる教育にあって基幹となるものであろう。

第2節　グローバル化する世界における音楽教育

1. 音楽を通した我が国の伝統文化・他文化の理解

　中学校で長年にわたり日本の音楽や世界の諸外国の音楽の教育実践を行ってきた清水宏美は、「日本の伝統文化・伝統音楽を学ぶ意義」として、「国際社会で活躍し、堂々と「生きる」日本人の育成」という大きな意義のもとに、以下の5点をあげている。

　　①自国文化を尊重する態度や愛着や誇りをもつ精神が育つ。
　　②日本人としてのアイデンティティや価値観を獲得できる。
　　③他国文化を尊重する態度が育ち、音楽的視野の広がりをもつ。
　　④自分の表現力が向上し、新しい音楽創造への可能性を探る意欲が育つ。
　　⑤諸外国の人々とのコミュニケーションができる力をもつ。

［清水 2009：19］

　ここには、これからの教育の方向として国が検討しようとしている、「言語や文化が異なる人々と主体的に協働できるための我が国の伝統文化に関する深い理解、他文化への理解」に、日本の伝統音楽の教育が大きく寄与できることが示されている。自国文化の尊重・他国文化の尊重、日本人としてのアイデンティティの獲得、音楽を通した諸外国の人々とのコ

ミュニケーション力などである。

（1）音楽からとらえた国際理解の視点

一方、音楽を通した他文化理解については、世界の音楽を学ぶことから生まれる国際理解の視点として筆者は以下の4点をあげてきた。

①世界のどこでも、人々は自分たちの音楽を大切にし、それを楽しんでいることに気づく。
②自分とは異なった音楽を大切にする人々がいることに気づき、相手の素晴らしさをみつける。
③日本の音楽や、自分たちの地域の音楽の素晴らしさに気づき、アプローチしてみる。
④音楽を通して自分と異なった文化の人々とコミュニケーションを行う。

［島崎・加藤 2013：9］

音楽を通して他文化の人々を理解し、音楽により他文化の人々とコミュニケーションをはかっていくことを、音楽からとらえた国際理解の視点としたものである。音楽を通した他文化理解とは、音楽を通した相手理解とつながるものと考えるからである。

（2）音楽を通した他文化理解・相手理解のためのプロセス

実際に学校の音楽科で音楽を通して他文化理解ならびに相手理解の教育を行っていくためには、次のようなプロセスが考えられる。

①音との出会い
他文化の音楽を聴くことで、音楽を通して「世界は何て広いんだろう！世界はこんなに色々だ！」と気づく。

②演奏を取り巻く情報を通した理解
演奏の映像など、演奏を取り巻く情報が加わると、他文化の音楽理解につながる。

③文化・社会・人についての理解

　音楽を取り巻く文化・社会・人についての情報（文化と音楽・社会と音楽・暮らしと音楽・人と音楽）が加わると、他文化理解・相手理解につながる。

④生の演奏や話による理解

　他文化の人の生の演奏やお話を聴くと、他文化理解・相手理解が深まる。

⑤表現による理解

　自文化の音楽・他文化の音楽を演奏しあってみると、他文化理解・相手理解がいっそう深まる。

2. 音楽を通した相手理解・コミュニケーション

　グローバル化していく世界にあって、言語や文化が異なる人々と協働していくことができるようにするために、音楽教育は何ができるのか。

　これまでに見てきたように、さまざまな文化的・社会的背景を持つ人々が協働できるような社会をつくるために、音楽教育は音楽を通した相手理解、音楽を通したコミュニケーションを担うことができる。その具体的な内容は以下の通りである。

相手の音楽文化への共感によるコミュニケーション

　自分とは異なった音楽を大切にする人々がいることを知り、相手の音楽文化の中にある、すぐれた点、おもしろい点を見つけ、それに共感をもつことができた時、音楽によるコミュニケーションが始まる。

自分たちの音楽文化の良さを相手に伝えることによるコミュニケーション

　自分たちの音楽文化、すなわち我が国の伝統音楽や民俗音楽の良さや特徴を相手に伝えることができた時、文化という水平で相手と並んで、音楽によりコミュニケーションをはかることができる。

　我が国ならびに世界の諸外国の伝統音楽や民俗音楽を、音楽授業で教材

として取り上げ実践していくための参考書籍が近年次々と刊行されている［川口・猶原 2012, 島崎・加藤 2013, 島崎・加藤 2014 など］。また、我が国の伝統文化や他文化の音楽について学ぶすぐれた授業実践が積み上げられてきている。

　これからの音楽教育では、これらを生かしながら、他文化の人々に自分たちの音楽文化のよさを、自分の表現により伝えられるようにするための音楽教育が加わっていくことが望まれる。とても具体的で端的な例をあげるとするなら、何か１曲日本の民謡をその良さを伝えられるように歌えること、何か１曲和楽器でその音楽の良さを伝えられるように演奏できることは、他文化の人々とのコミュニケーションに大きく役立っていく。そのことによって、「言語や文化が異なる人々と主体的に協働できるための、我が国の伝統文化に関する深い理解、他文化への理解」に大きく貢献していくことだろう。

引用・参考文献

　　川口明子、猶原和子『小学校でチャレンジする！ 伝統音楽の授業プラン』明治図書、2012年

　　島崎篤子、加藤富美子『授業のための日本の音楽・世界の音楽 世界の音楽編』音楽之友社、2013年

　　島崎篤子・加藤富美子『授業のための日本の音楽・世界の音楽 日本の音楽編』音楽之友社、2014年

　　清水宏美『実践！ ３時間で「和楽器・日本の音楽」の授業 雅楽編』全音楽譜出版社、2009年

　　山内雅子「伝統的な歌唱を生かした歌唱指導の教育的意義──小学校における実証的研究を通して」東京学芸大学大学院連合学校教育学研究科博士論文、2014年

　　山本文茂「特集テーマ設定の趣旨　〈絆づくり〉をめざして」『季刊 音楽鑑賞教育』vol. 17、2014年、pp. 10〜11

■■ 編著者紹介 ■■

加藤富美子（かとう・とみこ）　　　　　　　　　　　　　　　　　　●序章・終章

1948年生まれ。1986年東京藝術大学大学院音楽研究科音楽学研究領域博士後期課程単位取得退学。京都教育大学、上越教育大学、東京学芸大学を経て、現在東京音楽大学教授、東京学芸大学名誉教授。博士（人文科学）。
主な著書に、『横断的・総合的学習にチャレンジ』（編著、音楽之友社）、『現代日本社会における音楽』（放送大学教材）（分担執筆、放送大学教育振興会）、『授業のための日本の音楽・世界の音楽　日本の音楽編』（共著、音楽之友社）、『授業のための日本の音楽・世界の音楽　世界の音楽編』（共著、音楽之友社）、『アジアの音楽と文化』（DVD6枚組・解説書）（監修、ビクターエンタテインメント）、ほか多数。

■■ 執筆者紹介 ■■

有本真紀（ありもと・まき）　　　　　　　　　　　　　　　　　　●第3章
　　立教大学文学部教授

伊野義博（いの・よしひろ）　　　　　　　　　　　　　　　　　　●第7章
　　新潟大学教授

今川恭子（いまがわ・きょうこ）　　　　　　　　　　　　　　　　●第1章
　　聖心女子大学文学部教授

小川容子（おがわ・ようこ）　　　　　　　　　　　　　　　　　　●第5章
　　岡山大学大学院教育学研究科教授

木下和彦（きのした・かずひこ）　　　　　　　　　　　　　　　　●第11章第2節
　　東京成徳大学子ども学部非常勤講師

権藤敦子（ごんどう・あつこ）　　　　　　　　　　　　　　　　　●第2章
　　広島大学大学院教育学研究科教授

齊藤豊（さいとう・ゆたか）　　　　　　　　　　　　　　　　　　●第10章第1節
　　東京学芸大学附属世田谷小学校

阪井 恵（さかい・めぐみ）————————————●第6章
　　明星大学教育学部教授

佐野 靖（さの・やすし）————————————●第13章第1節
　　東京藝術大学音楽学部教授

塩原麻里（しおばら・まり）————————————●第12章第2節
　　国立音楽大学教授

下道郁子（したみち・いくこ）————————————●第12章第1節
　　東京音楽大学音楽教育専攻准教授

島崎篤子（しまざき・あつこ）————————————●第11章第1節
　　文教大学教育学部教授

塚原健太（つかはら・けんた）————————————●第4章
　　日本学術振興会特別研究員DC、東京学芸大学教育学部非常勤講師

福田裕美（ふくだ・ひろみ）————————————●第13章第2節
　　東京音楽大学音楽教育専攻専任講師

松井孝夫（まつい・たかお）————————————●第9章第1節
　　聖徳大学音楽学部准教授

目黒恵子（めぐろ・けいこ）————————————●第9章第2節
　　宮城県指導主事

山内雅子（やまうち・まさこ）————————————●第10章第2節
　　国立市立国立第六小学校副校長

山下薫子（やました・かおるこ）————————————●第8章
　　東京藝術大学音楽学部教授

（五十音順／敬称略／●は執筆担当箇所）　※現職所属は執筆時

■ 監修者紹介 ■

橋本美保（はしもと・みほ）

1963年生まれ。1990年広島大学大学院教育学研究科博士課程後期中途退学。現在、東京学芸大学教育学部教授、博士（教育学）。専門は教育史、カリキュラム。主な著書に、『明治初期におけるアメリカ教育情報受容の研究』（風間書房、1998年）、『教育から見る日本の社会と歴史』（共著、八千代出版、2008年）、『プロジェクト活動——知と生を結ぶ学び』（共著、東京大学出版会、2012年）、『新しい時代の教育方法』（共著、有斐閣、2012年）、『教育の理念・歴史』（新・教職課程シリーズ、共編著、一藝社、2013年）、ほか多数。一藝社「新・教職課程シリーズ」（全10巻、既刊）を監修。

田中智志（たなか・さとし）

1958年生まれ。1990年早稲田大学大学院文学研究科博士後期課程満期退学。現在、東京大学大学院教育学研究科教授、博士（教育学）。専門は教育思想史、教育臨床学。主な著書に、『キーワード現代の教育学』（共編著、東京大学出版会、2009年）、『社会性概念の構築——アメリカ進歩主義教育の概念史』（単著、東信堂、2009年）、『学びを支える活動へ——存在論の深みから』（編著、東信堂、2010年）、『プロジェクト活動——知と生を結ぶ学び』（共著、東京大学出版会、2012年）、『教育臨床学——「生きる」を学ぶ』（単著、高陵社書店、2012年）『教育の理念・歴史』（新・教職課程シリーズ、共編著、一藝社、2013年）、ほか多数。一藝社「新・教職課程シリーズ」（全10巻、既刊）を監修。

教科教育学シリーズ⑤
音楽科教育

2015年5月15日　初版第1刷発行

監修者　橋本美保／田中智志
編著者　加藤富美子
発行者　菊池公男
発行所　一藝社

〒160-0014　東京都新宿区内藤町1-6
Tel.03-5312-8890　Fax.03-5312-8895
http://www.ichigeisha.co.jp　info@ichigeisha.co.jp
振替　東京00180-5-350802

印刷・製本　シナノ書籍印刷株式会社
ISBN 978-4-86359-083-0 C3037

©2015 Hashimoto Miho, Tanaka Satoshi, Printed in Japan.

定価はカバーに表示されています。落丁・乱丁本はお取り替えいたします。

本書の内容の一部または全部を無断で複写（コピー）することは、
法律で認められた場合を除き著作者及び出版社の権利の侵害になります。

一藝社の本

教科教育学シリーズ［全10巻］

橋本美保・田中智志◆監修

《最新の成果・知見が盛り込まれた、待望の「教科教育」シリーズ！》

※各巻平均210頁

01　国語科教育
千田洋幸・中村和弘◆編著
A5判　並製　定価（本体2,200円＋税）　ISBN 978-4-86359-079-3

02　社会科教育
大澤克美◆編著
A5判　並製　定価（本体2,200円＋税）　ISBN 978-4-86359-080-9

03　算数・数学科教育
藤井斉亮◆編著
A5判　並製　定価（本体2,200円＋税）　ISBN 978-4-86359-081-6

04　理科教育
三石初雄◆編著
A5判　並製　定価（本体2,200円＋税）　ISBN 978-4-86359-082-3

05　音楽科教育
加藤富美子◆編著
A5判　並製　定価（本体2,200円＋税）　ISBN 978-4-86359-083-0

06　保健・体育科教育
松田恵示・鈴木秀人◆編著
A5判　並製　定価（本体2,200円＋税）　ISBN 978-4-86359-084-7

07　家庭科教育
大竹美登利◆編
A5判　並製　定価（本体2,200円＋税）　ISBN 978-4-86359-085-4

08　図工・美術科教育
増田金吾◆編著
A5判　並製　定価（本体2,200円＋税）　ISBN 978-4-86359-086-1

09　英語科教育
馬場哲生◆編著
A5判　並製　定価（本体2,200円＋税）　ISBN 978-4-86359-087-8

10　技術科教育
坂口謙一◆編著
A5判　並製　定価（本体2,200円＋税）　ISBN 978-4-86359-088-5

各巻の詳細は変更される可能性があります。
ご注文は最寄りの書店または小社営業部まで。小社ホームページからもご注文いただけます。